U0776830

本書由河南大學黃河文明省部共建協同創新中心資助出版

◎清代中州名家叢書

張遠覽集

李金松　點校

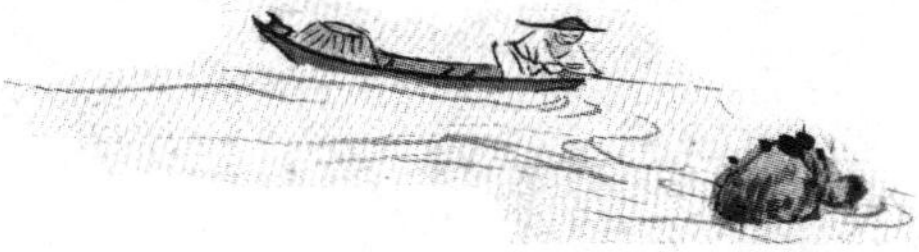

中州古籍出版社
·鄭州·

圖書在版編目（CIP）數據

張遠覽集 / 李金松點校. —鄭州 ：中州古籍出版社，2019. 3
（清代中州名家叢書）
ISBN 978-7-5348-7812-1

Ⅰ. ①張… Ⅱ. ①李… Ⅲ. ①張遠覽（1727-1803）-文集 Ⅳ. ①Z424. 9

中國版本圖書館 CIP 數據核字（2018）第 083118 號

出版社：中州古籍出版社
（地址：鄭州市鄭東新區金水東路 39 號 C 座　郵政編碼：450016）
發行單位：新華書店
承印單位：河南大美印刷有限公司
開本：890mm×1240mm　1/32　　印張：4. 5
字數：100 千字　　印册：1-2000
版次：2019 年 3 月第 1 版　　印次：2019 年 3 月第 1 次印刷

定價：18. 00 元
本書如有印裝質量問題，由承印廠負責調换。

整理説明

張遠覽（一七二七—一八〇三），字偉瞻，號桐岡，清河南省西華縣人。九歲而孤，刻苦讀書；二十歲時，成爲秀才。乾隆二十四年（一七五九），中式舉人。此後，六次北上京師，參加會試，但均不售。以大挑，選正陽縣教諭。他任職期間，以古學課諸生，數年之間，士風爲之一振。乾隆五十年（一七八五），畢沅官河南巡撫，久聞大名，張遠覽因而被聘爲開封府教授。七年後，以卓異薦，選授貴州鎮遠縣知縣。張遠覽在鎮遠爲官期間，以德化民，多有惠政。一年後，題署黎平府下江通判，亦多善政。數月後，引疾求罷。離任之日，囊橐無餘。歸里後，與門人王耕畲講習，勤於著述。所著書有《詩小箋》、《春秋義略》、《春秋主臣録》、《古詩録》、《碑幢聞見録》、《書意》、《舊聞初存集》、《採薪集》、《古歡集》、《汝南集》、《黔游集》、《直方堂詩草》、《桐岡文存》等，多傳於世。

在學術上，張遠覽致力於經學研究，對《詩經》、《春秋》下過很深的功夫，著有《詩小箋》、《春秋義略》、《春秋主臣録》等，成績較大，正如吴德旋給他所作的傳記中言：『君與偃師武虚谷大令，並以經學著聲中州。』（吴德旋《偉瞻張君傳》）。乾嘉時期，在中州的經學研究領域，他與武億齊名。

張遠覽的詩文創作，多表彰鄉賢，如理嵒和、胡然、錢柳圃、王黄安、劉海鶴以及他的父親張華等，並序刻這些鄉中先賢的詩文集。他的古文創作，除詩文集序與壽序外，大部分是碑傳之作，風格近於歸有光，多叙寫鄉里先賢故舊，表彰貞烈，情感真摯，惻惻動人。在詩歌領域，張遠覽撰有《戲論明詩七首》，推許徐禎卿、李攀龍、陳子龍，貶斥薛蕙，認爲薛蕙的詩歌創作是繼承邵雍《擊壤集》的『俚詞讕語』。因此，他的詩歌書寫，比較近於前後七子。具體而言，他的詩歌創作，多古體詩，取法漢魏，措辭雅煉；而近體詩則師法杜甫，極少流連風物，多爲述懷紀事，偶見登臨之作。相比較而言，他在古文創作上的成就高於詩歌，這可能是他在詩歌創作上不是很用力的緣故。

光緒十六年（一八九〇）西華縣署所刻《桐岡存稿》，爲張遠覽詩文集的唯一刻本。本次整理，即以此本爲底本標點而成。由於張遠覽的詩文只有這一刻本，所以，在校勘方面，即使偶有校勘，也是理校。凡底本缺字或字迹模糊不清的，一概用方框（□）替代。

限於整理者的腹笥與用力不夠，本書難免存在疏漏之處，希望讀者予以批評指正。

卷首

西華張桐岡先生，爲乾隆時名宿，文章學問，海内宗仰。青浦王述菴先生稱其沉静誠愨，古文得震川一體，嘗采入《湖海文傳》。鄢陵蘇氏近有《中州文徵》之刻，亦采先生之文，顧未見其全集。歲乙酉，余承乏斯邑，訪先生之遺著，從其曾孫尚弼上舍得鈔本，《詩小箋》七卷，《春秋義略》十六卷，《初存集詩》一册，又得蕭步九秀才所録先生之文，並《文傳》、《文徵》所選，彙而得若干篇。既讀其門人王耕畬所爲先生墓誌，知此外著述尚夥，而得見者止此。余維先生與偃師武先生虚谷，並以經學著聲。虚谷《授堂集》久行於世，而先生竟無專集刊行。今之僅存者，又不免鈔胥譌脱。爰即前所彙者，詳加厘正，次爲文六卷，詩二卷，付諸剞劂，以廣其傳。其《詩小箋》、《春秋義略》，别謀校刻焉。中州爲人文淵藪，國朝之以文名家者，侯、宋、賈、李之倫，蔚爲一代耆碩。先生晚出而與之抗行，不可謂非健者。嘗攷先生鄉闈出朱石君先生門下，垂三十年，始爲令於黔之鎮遠。未幾，乞老以歸，讀書邑之城南。水田一區，老屋數楹，藏善本書二千卷。杜門却埽，怡然自足，固不僅以文章爲時稱説已也。今先生集出，前輩典型，珍若星鳳。庶幾是邦文獻，有所攷云。

光緒十有六年，歲次庚寅，秋九月，東臺鮑振鏞識。

張桐岡先生墓誌銘

同里王辰順撰

嘉慶八年冬十月癸亥，吾邑桐岡先生卒於家。辰順夙承函丈，一官匏繫，遽驚哲人之萎。嗚呼，安放矣！越明年，葬有日，嗣子居平持狀走宛，請辰順志先生墓，乃據狀書之。

先生姓張氏，諱遠覽，字偉瞻，號桐岡，世爲西華人。五世祖善政，萬曆己未進士，歷官監察御史；高祖印爌，生員；曾祖圻翰，康熙己卯武舉；祖文桂，康熙癸酉舉人；父華，辛卯庚子副榜，主一時壇坫，學者所稱醇民先生也。母姚氏。

先生九歲而孤，讀書日記數千言；弱冠，入郡庠，旋食餼。乾隆癸酉，以選貢入都，北平黄昆圃先生一見，甚器之。歲己卯，領鄉薦。六上公車，不售，以大挑，選正陽教諭。課諸生，敦行學古，數年之間，士風大振。時畢秋帆中丞撫豫省，夙稔先生名，檄攝開封府教授，兼以書幣，屬令促裝。及至，以金石文字相質，贈金百兩，緞四疋，先生受緞反金，强之，終不受。壬子，選貴州鎮遠縣知縣。鎮遠，當南北水陸衝衢，俗尚奢靡。先生到官，日飭内外，書役皆衣布，非紳士不得衣帛。富商有執贄請見者，諭以安分守法，勿以厚貲結納官長。縣舊事：每逢元旦、上元，署内外綵桐氊地，籠燈以千計，皆四鄉居民供給，先生盡革之。在官僅一載，題署黎平府下江通判。下江苗民雜處，梗頑難化。先生至，訟庭日閒。居三月，上官委以鉛差，差竣，許以知府題署。先生曰：『知足不辱，知止不殆。』乃引疾求罷去。去之日，囊橐無餘，賴黔陽令姚文起資之，始得旋里。

先生性至孝，遇先人忌日，涕泣不食，曰：『此終身之喪也。』官正陽時，兄漁莊先生無子，迎養任所。卒，則請假上官，要絰扶櫬歸葬。平生寡交遊，交則情誼篤至。同里周仲遠赴禮闈試，至彰儀門外病卒。先生聞訃，親視含殮，約同鄉士大夫賻之，徒步二千里，以其喪歸。尤喜表揚前賢，自父醇民先生《抱影廬詩》刻外，如胡湄園、理寒石、劉海鶴、王聖能、錢柳圃諸先生詩文集，皆序刻而傳之。先生沉酣經史，旁及百家，善屬文，尤工詩，日與學者講授，樂此不疲。所著書有《詩小箋》、《春秋義略》、《春秋主臣録》、《古詩録》、《碑幢聞見録》、《書意》、《舊聞初存集》、《採薪集》、《古歡集》、《汝南集》、《黔游集》、《直方堂詩草》、《桐岡文存》若干卷。一生持禮甚嚴，雖盛暑未嘗見體。易簀之夕，諸門人咸侍側，曰：『正吾首與手足，整吾衣冠。』召家人，遍視一周，含笑而逝。距生於雍正五年正月二十九日，享壽七十有七。元配王安人，繼劉安人。其閫範懿德，詳先生所自爲兩安人狀中。側室顔孺人，前先生六日卒。子男三：長居燮，太學生，早卒，王安人出；次居庶，嗣世父；次居平，顔孺人出。女一，歸生員丁瑞玉。孫男一，念之，早卒；孫女一。今卜於三月初八日，葬先生於城東南新阡，以王、劉兩安人暨於維先生，命世矯矯。堂名直方，德爲坊表。綽有至情，篤於人倫。便便腹笥，力追古人。經術湛深，管豈窺豹？叩之則鳴，用之則效。廉吏可爲，所至有聲。黔遊匪偶，甘棠敷榮。出入里門，敬而無失。全受全歸，始終如一。修名允立，本自家風。子子孫孫，視此良弓。

偉瞻張君傳

宜興吴德旋撰

偉瞻張君，諱遠覽，河南陳州府西華縣人。幼孤，能自力於學。性敏慧，讀書日記誦數千言。事母盡孝，家雖貧，竭力營甘旨無缺。母卒，哀毁甚。及葬，廬墓三年。

君博學，工爲文。乾隆癸酉，充拔貢生。己卯，本省鄉試，中式舉人，選授正陽縣學教諭。其教人，先器識而後文藝，遠近爭來就學，庠舍至不能容。其弟子經指授爲文，用君説，成進士，膺鄉舉者甚衆。巡撫畢公嘉其能，以卓異薦，選授貴州鎮遠縣知縣。青浦王述菴侍郎爲叙以送之，謂君用博雅之學，播循良之治，必能寬猛以時，使民苗咸輯也。及君涖任，果如所期焉。鎮遠，古夜郎地，苗民雜處，獷悍難治。君結以恩信，皆帖服，遵約束。舊俗：子女多者，其父母往往忍不舉。君出教諄諄然，論以義理，苗民感動。甫七月，而舊俗爲之一變。大吏以爲能，令署黎平府下江清軍理苗通判。下江，環治皆山，以山爲城，缺處補之，以甎價十倍於石。君以爲勞民傷財，無益也，以石易之，歲省工價無算。下江山中，故有虎患。君至，則出多貲，製火器，率武弁鄧元第等往山中，日習之，下江由此無虎跡，苗民賴之以安。君之在下江甫四月，因疾致仕歸。歸日，苗民扶老攜幼，涕泣相送。

君既歸西華，而西華民束玉林者，潛謀不軌，跡且露，君與邑大夫密謀擒治之；又恐其黨之潛入城中也，力疾躬率門人子弟輩晝夜巡察。君雖以老疾家居，然遇事猶奮發有爲如此。若其他爲善於鄉，而鄉里戴其德者，皆常事，故不書。所著有《詩小箋》、《春秋義略》、詩集、文集凡若干卷，藏於家。

吴德旋曰：君與偃師武虚谷大令，並以經學著聲中州，後並爲循吏，然皆未竟其用。而儒者之效，不獲大彰顯於世，惜哉！余之聞君名也，由新城陳碩士侍郎。凡君所著述，悉以視余，余得而讀之，因次其傳。

目録

桐岡存稿卷第一　文一

桐岡存稿卷第二　文二

桐岡存稿卷第三　文三

桐岡存稿卷第四 文四

桐岡存稿卷第五　文五

桐岡存稿卷第六　文六

桐岡存稿卷第七　詩一

桐岡存稿卷第八　詩二

桐岡存稿卷第一

文一

褚遂良論

唐褚遂良，賢者也，以忠見逐；劉洎，賢者也，以忠見殺。世言洎之死，遂良譖之也。張子曰：嗚乎！吾悲夫與日月齊光者之蒙惡於千載，曖曖焉而莫之雪也。夫賢者，有殺人，無譖人。洎之受詔，輔太子監國也，對太宗曰：『大臣有罪，臣謹按法誅之。』此言所以見殺也。蓋太宗積欲殺之，大臣亦積欲殺之，是必有希帝旨、阿大臣意而入譖。大凡人之譖人，有所阿於人，有所利於己。譖人不死，譖不止。當魏王泰、吴王恪之時，褚公不阿太宗；高宗之初，不阿武后以譖王后。前後與褚公同執政者，岑文本、馬周、劉洎、韓瑗、來濟。以爲妒賢邪？諸公固皆賢者也。以爲惡逼邪？諸公固皆執政者也。不譖岑、韓、馬、來，而獨譖劉，於人焉阿？於己焉利？當其還笏流血，止知不負先帝之託，其他利害生死，皆置度外，天地感而鬼神泣矣！險賊陰毒，譖人於死，非豺虎不食者不爲，而猥曰忘身奉上之賢實爲之，其不然也決矣！然則曰褚遂良譖劉洎者，何也？曰：此許敬宗爲之也。敬宗以己所優者加於己所深忌之人，而遂以受此曖曖於千載也。

許敬宗之傳曰：《太宗實録》，敬播所撰，信而詳。及敬宗身爲國史，竄改將半，專出己私。計無有急於誣褚公者，誣褚公於太宗之時； 計無有以殺劉洎事加之者，故曰： 褚遂良譖死劉洎者，許敬宗之言也。 許敬宗之急於誣褚公者，何也？ 蓋貞觀之世，房、杜、王、魏同德相濟，敬宗無所容其姦。 自以爲當武德時，已在十八學士之列，褚公之父亮，其同官也。 褚公以魏鄭公之薦，一旦大用，位出其上，受遺詔託孤，而且直諒多聞，朝野同仰，已屬深忌； 又房、魏諸公以次彫喪，己可以肆其所爲，敏達可以服衆心，辯折可以關多口。 自度獨不可以欺遂良，遂良一日不死，敬宗一日不安。 潭州有行，不三年而褚公卒矣！ 敬宗乃訑然坐政事堂，逐韓瑗、來濟，殺梁王、長孫無忌、上官儀如反掌。 劉洎不殺於貞觀之時，必殺於敬宗之手，乃稔毒逞穢十有餘年，日夜以思，恐天下皆思褚公之忠，而憐其逐。 將使天下疑其忠，而不憐其逐，則莫若誣以已往不可覆按之事。 以爲洎固表表名臣，誣以洎事，則尤爲人所深惡。 雖其讜言勁節，昭然耳目，而陰竄此一事，則他美不足掩其惡，且有此惡，即其美亦非真美。 於是筆之曰： 洎與遂良不相中。 即誣奏洎，執不已。 帝惑之，乃賜死。 又念無忌者，國元舅，致之死，宜可憂，莫若誣其害國懿親之可以解免。 於是筆之曰： 無忌、遂良與江夏王道宗有宿怨，誣與房遺愛善，流象州； 吴王恪，無忌所忌，坐以遺愛事殺之。 當其時，褚公之子弟及長孫氏皆投荒禁錮，無在朝者，而李義甫、王德儉、崔義元、袁公瑜、侯善果之類，布滿臺省，誰過而問之者？ 嗚呼！ 殺正人於方剛，汙忠魂於既死。 潛煽毒於已往，巧售欺於將來。 此其所以爲許敬宗也。 修史者既知其改竄《實録》，而第曰盛誣封德彝，虛立錢九隴功狀。以太宗賜無忌《威鳳賦》爲賜尉遲敬德；龐孝泰爲高麗所襲破，而曰屢破賊。明其細而莫發其鉅，於長孫無忌、褚遂良傳不言劉洎及二王事，若爲賢者諱然。顧曰：使長孫不逐江夏，害吴王，褚不譖死劉洎，其盛德可少訾乎？嗚呼！其亦爲許敬宗所愚而未之思也。或曰：洎死既不由褚公，史稱洎子宏業顯慶中訴遂良譖死狀，李林甫右之，是亦不足信歟？曰：其訴也，其右也，皆敬宗使之也。既竄其事於史，復暴其事於朝，此尤易洞其隱也。或曰：褚公譖劉公，安知不有其端倪，而奈何決之以必無？曰：事之然否，不據人之生平以爲斷，則齊光於日月者，不難使之慘甚於蝮蝛；誣人者必誣人以必不爲之事，而其誣乃爲得力。所謂點白爲黑者也。公將不利於孺子，周公豈有不利之端倪也哉！許由椎埋，黔婁行刦，屈原媚鄭袖，陶潛臣劉裕，褚遂良譖劉洎。采蓮采蓮，首陽之巔。惟其不然，猶曰或然。嗚呼，悲夫！

柳圃先生集序

柳圃先生既殁之明年，其門人介其子有任來，請余定其集。於是悉合諸本，芟複存真，以定於一，得詩二百有六，雜文二十有二，共爲六卷，題曰《柳圃先生集》。已，更搜討殘零，以及書牘、日記，又得四卷，目曰《別集》。收拾散墜，罔有或遺。二三子分卷讐校，罔有不力，是集可以傳矣！

嗚呼！先生秉河、岳英靈之氣，行爲規矩，言爲文章，今即其人不可見，而讀其書，可以見其人。其天性湋至，篤於人倫，故其文纏綿而不迫，質慤而不浮。所託者正，故其旨深；所出者真，故其音長。少遭孤露，長歷艱虞。橫逆頻嬰，挫折不已。侘傺鬱邑，悲歌感慨，而總歸於温柔敦厚。有德之言，其言藹如也。遠覽於先生以通家之故，自能言時，即得見先生，以迄今日。先生不可復作矣！回首曩時，過蒙推愛，謬以此事相許。一詩之成，未嘗不樂爲余誦之也；一文之脱稾，未嘗不馳示余而後乃出也。蓋余所承教於先生者，不但語言筆墨之閒，而即此竊所受益，耿耿曷忍忘？嗚呼！當其風月流連，促膝談笑，勉勖寸陰，商量千古，雜以詼諧，忽而泣下，追維此境，已爲人世不可復得之歡，惟時時於夢中遇之。而余摧頹放廢，踽踽何之？感舊懷賢，不自覺其清淚之涴。今之編校遺集，是即余區區少得盡於先生者。顧獨把卷沈吟，無所聊賴，柳圃在焉。呼不余諾，先生亦將何以慰余哉！今遠近之士大夫學者，曾讀先生之文，而想望其全書者久矣！不見其人，見其書，一二三子之所以致無已之情於其師者，幸皆樂觀其集之成。余因藉以效其微勞，庶或無大盭於先生之意。至於天下後世，解斯愛斯，傳則固不待余言也已。

凌氏易説序

《易》不火於秦，而爲之説者倍諸經。《隋經籍志》六十餘家，唐志八十餘家，宋則二百餘家。至今而傳者十二三，學者敝神焦慮，氣惴惴前瞻後顧，而罕得其本根，蓋説《易》若是之難也。《凌氏易説》，凌先生遜益之所著也。

先生學《易》，不由師友，但畋眾議，範殊軌，暴一得，窮千年。春秋十易，草削者三，紬繹鑿枘，期抵於安。故其爲説也，洪幹纖支，質扶文附，鑽霧綆淵，紛綸緯繣，必盡其智之所及，而不少留餘，而其意則片言一義，上下左右，必緣乎象以索其情，準乎理以觀於物。昔夫子曰：『子欲無言，又《詩》、《書》執禮，皆雅言也。』而不及《易》。然於諸經無説，而獨於《易》特作《十翼》。夫聖人心知其意，可以無言，然而有不得已者焉。今先生之爲《易》也，疑之久，故辨之晰；慮之切，故言之長。竭其力，故不敢畏其難，儻亦真有不得已者乎？而先生亦老且病，云：『是書苟行於世，世必有好之者。』顧先生授余，余德薄力弱，不能布之通邑大都，使人人知有凌氏之説，而平生用心，不即表白，余何以謝先生？今爲略述所以，俾學者得以考焉。

先生名去盈，字遜益，河南西華人。不仕，亦不授徒，爲《易説》十二卷。

寒石先生文集序

文章者，性情而已矣！古今文章所以傳者，非以文傳，以性情傳也。寒石先生志潔行芳，九死不悔，死且百餘年。迄今言忠臣孝子者，必曰先生。而讀其書者，亦必曰此忠孝之性情所流露者也。蓋人無閒言云。先生著作等身，星霜兵火，飄零殆盡。其從孫完璧，勤苦十年，乃頗蒐葺，余復稍爲之校訛芟複，訂詩賦爲一卷，雜文二卷，刻之。

嗚呼！先生非一世之人，是集非一世之書也。校訂之餘，並不敢定其爲秦漢，爲六朝、唐宋，第其孤情至性，篤摯纏綿，無非君臣父子、夫婦、昆弟、朋友之際，而往復流連，如遇其人於筆墨言語之閒。《論語》云：『有德者必有言。』《記》云：『情深而文明。』吾獨怪後世之所謂儒者，平居止知食《性理》、《近思》之唾餘，飲定山、白沙之糟粕，在家在國，外飾爲中庸之徒，而究無當於爲臣爲子之萬一。及夫大變猝投，則藉明哲保身之言，以自文其草間偷活之罪。其人如此，其文槩可知。何者？性情僞而文必下也。嗚呼！此吾益信寒石先生之文所以必傳於不朽也夫！乾隆十有七年二月之晦，同里後學張遠覽謹序。

春秋義略序

六經之説多歧，而《春秋》尤甚。自《三傳》並立，諸儒代興，明章發闡，各究其情，而其弊或有過於深求，用鑿成誣。以光明正大之經，至於杳冥恍惚，破裂瑣屑，而不可窮詰，蓋因説而晦者十之三，因説而叛者十之二，而又往往黨護私阿，以忿訐而臆奪，甚矣！夫非真難明，而説者之多歧也。

余學《春秋》，少宗《左氏》，後乃兼攻《三傳》，而博涉乎百家。竊以爲《春秋》者，定乎中而不隨，持其平而不激。不隨，故不以功掩過；不激，故不因惡蔽美。不逆末而預貶，不震跡而没情，其意有推原，無調停；其文有委曲，無遷就也。故其言天以驗乎人也，明法以理乎紛也，詳事以暴乎心也，誅死以愓乎存也。其汲汲者，堯、舜、禹、湯、文、武、周公之道；其懇懇者，君臣、父子、夫婦、昆弟、朋友之倫，必先有以求之情性心術之隱且微而無乎不安，而後有以放之天下後世之遠且久，而無乎不準。遠覽不敏，既竊疾夫説之多歧也，於是益反覆乎先賢之説，而求其所以一之者。遲之又久，遂不自揆，爲《義略》十六卷，蓋亦若有不得已者，輒發憤而忘其固焉。然而已殫思者十年，未嘗不兢兢罔敢易云。故凡所爲説，不苟異，不苟同，惟求乎經明，而我無與。而鑿且誣者，或庶幾其寡焉。非敢謂真知聖人之意，顧博所徵，慎所言，則亦於業《春秋》者，儻不無百一之助乎！嗚呼！余固不得親從尼父一質之也。乾隆二十有一年冬十有一月甲寅書。

習陽集序

《習陽集》一卷，王黄安聖能先生之遺文也。往者其曾孫兑嘗語余：先黄安遺文皆散逸，往往於人家得之，而少不成卷。君如有存者，幸示我。未幾，而病且死，今二十年矣！元孫政於兑爲從子，不憚勞苦，百方求覓，寸牘片詞，收拾輯綴。數年，乃請於其兩從祖，拜乞余編次而序之，以刻於木。於是去先生殁七十餘年矣！

余惟先生卓志逸情，至今如在。余不獲見先生，見兑，如見先生焉。蓋余聞父老言：兑酷似其先黄安云。兑既高材早夭，而子又不學，誰能繼黄安之業者？其諸父行老矣！先人遺文，不致盡泯，則政也其知爲人子孫之先務已。余獲覩是集之傳，悲喜交集，使兑而在，奚至遲之又久？而微政，又安問乎？悲夫！

乃爲之序曰：集何以止一卷也，是其僅而能存者也。有世有其篇而不列於此卷者，何也？余聞先生拒求文者嚴，門弟子每私應求者，而署先生名，今懼其淆焉。故此卷雖無幾，存其真也。讀其文，可以知其人矣！習陽者，以所居名其集也。《水經注》云：『縣有習陽，潁水經其南也。』乾隆二十有七年冬十月辛卯序。

胡湄園先生詩集序

胡湄園、劉海鶴、理寒石，吾鄉所謂明末三先生者也。寒石蓋友海鶴，而師湄園云。湄園先生之行事，寒石志之詳矣！生平所述作，卷且累百，盡以授寒石，寒石攜之官。寒石死，而其書遂没。前年刻寒石集成，又收拾海鶴遺詩數十首刻之。因思先生遺書遂不可見，付之太息而已。然余聞其家尚有殘帙，屢索之，不可即得。今年夏，其後人來謁，求訂其先集，集但存雜體詩三十餘首，文十篇，余爲略次第成卷。嗚呼！其止於此也。

夫吾觀古今文章之傳，往往傳於棄擲湮没之後，雖崩離磨滅，卒不能盡，古人所謂有鬼神呵護於其間者也。賢人君子積道德爲文章，必賴子孫之賢守而不失，有可以傳其先人者，竭力殫心，不知瘁焉。而又得賢士大夫肩表章之巨任，發潛德之幽光，此固後死者之所不容已者。乃湄園有賢子，又有寒石爲之弟子。寒石之欲傳其師，與其子欲傳其父，其心何如哉！而猶不盡傳，此豈有幸、有不幸者乎？今此卷所謂崩離磨滅，所不能盡者。至其宏篇大製，生平精力之所注，僅可以想像得之，而存者又未必即自以爲必傳之作。人生富貴貧賤，一切遇、不遇，何足深道！顧文字之傳，亦有命存焉。今寒石集且家有其書，而海鶴之詩遂止傳其十分之一。然其傳也，與寒石並。湄園詩之棄擲湮没，甚於海鶴，然今而後，安知不家有其書乎？雖篇章無幾，亦未必非鬼神呵護於其間者。

嗚呼！三先生之精爽、昭昭如在也。寒石有靈，見其師之遺書零落遂至於此，而猶幸其僅而能存也，其亦何能無感焉！悲夫！

商逸羣詩集序

歲丙子之秋，余游大梁，魯山教諭杜君介汝陽商君逸羣詩一卷謁余。余方病，卧讀之，不覺起曰：『吾固知逸羣嘗爲詩，今若此哉！』明日，逸羣來，鄭重求余爲序。因扶病起，與之譚詩，且並悉其性情之所至云。

逸羣少孤且貧，岌岌不能自活。顧其爲人，苦於學，而堅於行，其氣岸然不少降，視一切蔑如也。而一遇知者，則肅然有以自下。嗚呼！其中有所憑恃者邪？其有所惟恐浼之，即有所惟恐失之者邪？蓋余自少學詩，非曰能之，然固知詩教之尊，而用之嚴。十年前，聞某能詩，即趨謁之，惟恐後。近來畏人甚，更畏與人譚詩，蓋亦余潦倒荒廢使然，豈其有故存乎其間邪？即如逸羣，余自歲癸酉，同受知於通政孫公之門。明年，又同滯於京師者數月。夫豈不知其能詩而必待今日邪？使余早知其若此，雖潦倒荒廢，而能忍而至今始爲之序邪？夫詩者，思也。思者，心之官，而性情之用也。其教尊，故不敢褻；其用嚴，故不敢濫。故夫詩也者，善思也。詩人也者，善人也。今讀逸羣詩，可以知其爲人。而余竊幸同門生有詩人焉，而且以余爲可與言也。嗚呼！余非能詩者，逸羣其知夫古之所謂詩人也邪？

黄潤川詩集序

温柔敦厚，詩教也，又往往窮而後工。其人大率讀萬卷書，行萬里路，一切蹭蹬迍邅，困頓無聊，不得已而發之爲詩。故歡愉之詞少，憂愁幽思之詞多，而卒歸於温柔敦厚者，詩之情也。臨海黄潤川大生，以所爲詩示余，使爲序，若以予爲知詩也者。余反復其詩，而知潤川爲得詩之情也。潤川以名進士令於蜀之德陽，去家數千里，政成而詩益富。以憂去官，今謁選於京師，余亦以謁選來，遇於蕭寺中，相得甚歡。互讀所爲詩，惟恐其卷之盡也。而余選得黔之鎮遠，有萬里之行矣！潤川不知得何縣，行幾千里，皆爲外吏不得簪筆承明，作爲雅頌，以颺休光，而兩人又不知相距幾千里。余之困頓無聊，窮而詩，猶不能工者，或者猶欠萬里路乎？若潤川，豈終窮乎行？蒙宣室之召，和聲以鳴盛矣！而余於谿風蠻雨之閒，度不能無不得已而發之者。他日各讀其詩，余或有能進於今日者以質潤川，不知可許以爲得詩之情焉否邪？

余與潤川相見晚，相別又遽，潤川送我以詩，蓋不勝惜别，而流連未有以酬之也。即書是以留别，何日更相見？行矣！惟各努力夫温柔敦厚詩教也。

松圃先生詩集序

松圃先生以所爲詩，命遠覽爲序，蓋先有洪稚存先生所爲序在。洪公稱其於唐近香山，於宋近東坡，知言哉！惟其有之，是以似之。匪詩之似，性情之似也。白、蘇二公以越世之才，履險而夷，處約而樂，故其詩貌若不同，而皆出以和平之音，無迫急尤恚之氣，其性情之流露者同也。

先生自諸生至二千石，自越至吴，蜀而至黔，危棧驚濤，蠻煙瘴雨，世路之崎嶇，人情之變幻，一切可愕可喜，莫不見之於詩。其大者關政理風俗之故，其細者牢籠物態，發洩風雲，宜乎激厲震宕，危弦而促柱矣！而乃坦蕩夷猶，俯仰皆得，既舒徐而爲妍，復委婉而善入，此其務爲性情之真，客氣不得而乘之者，何惑乎其似白、蘇也？先生方守貴陽，遠覽令鎮遠，移判下江，數數見，若以爲可與言詩也者。今引疾歸矣！於放廢之末吏，蓋有不勝其拳拳者，余之感於先生爲何如也？今謹序先生集，即以爲留别。抑聞之：聲音之道與政通，文章與時高下。先生政通，而詩宜傳。若以時論，唐、宋之時不如今，先生詩又宜駕白、蘇而上矣！請以是質於洪公，以余言爲何如？

卷施閣集序

學使北江先生少孤，其克自樹立及學之有成，實稟賢母蔣太夫人之教。故其編詩也，以及侍太夫人所作者爲《附鮚軒集》八卷。《漢書·地理志》：『會稽鄞縣有鮚埼亭。』《南越志》：『巢鮚，長寸餘，大者長二三寸。腹中有蟹子，如榆莢，合體共生，俱爲鮚取食。郭璞《江賦》所謂璅蛣腹蟹是也。』先生十歲，始就外傅；二十，即出授徒。負米所至，皆不越五百里外，一歲必兩歸，以慰太夫人，與莢蟹之早出暮入相類。及奉太夫人諱，讀禮於閭門者二年，繼又飢驅四方，十年乃獲升上第，官禁林。逾一歲，即持節視學黔中。人欣先生之遇，而不知先生以禄不逮養，每與人言之，輒泣下不止。《爾雅》：『卷施草，拔心不死。』先生之名集，蓋以此乎？《卷施集》，自己亥至癸丑，得十四卷，門下之士乞刊之於黔中。遠覽在里門日，即受先生之知。今又從官牂柯，先生之所以待遠覽者，未嘗以屬吏視之也。今遠覽行以老乞休矣，先生門下士以遠覽知先生尚深，乞爲序，刊詩歲月，因即遠覽之所以知先生者序之。至詩之工拙，世之知先生者甚多，非遠覽之所敢及也。時乾隆五十九年，歲在甲寅新正十日，鎮遠縣知縣署黎平府下江通判河南張遠覽謹序。

何氏族譜序

別子爲祖，繼別爲宗，而氏族遂以分。先王慮民之久而疏其族也，爲之畫井以聚之，爲之黨正族師以董之，爲之立宗法以聯之，爲之設不婣不睦之刑以糾之。於是世遠而不忘其祖，生繁而不紊其宗，使人人皆有以生其孝弟之心，其所以綢繆而固結之者，蓋亦至也。夫宗法之不行也久矣！昔人謂三代而後無世家，余則謂河南爲尤甚，何也？居天下之中，自古兵火災害，四面受敵，居者無數百年不遷之族，人能言其十世者，亦鮮矣！有心者欲不使同族之人爲途人，則莫若修其譜。

何子斷疑攜其族譜謁余爲序。蓋其初由江西遷於此，至於今，十餘世矣！其在江西者，不列於譜，其亦繼別爲宗之法乎？吾聞江西無族無譜，士大夫尤重族誼。富貴不驕，貧賤必賙，下至負販，皆能言其所自，其風俗之古如此。而亦或閒有聚族糾衆，斂財以營告訐者。何氏之族，其勉之！不忘故國，當法其善者，戒其不善者，俾人人皆有以生其孝弟之心，以不忘其先人愛子孫雖遠猶近之意，罔敢不率以爲族人憂，是則今日修譜之志也。余既諾何子之請，而質言之如此。

李氏族譜序

李氏，天下之大姓，至於唐尤盛。其望首隴西，他氏莫能及焉。至今凡一邑一聚，李姓輒居其十分之二三。吾縣之李，多大族，而錯居於商水及吾縣之閒者尤多，故縣人特稱南李氏以别諸李云。

今年秋，有以族譜請序於余者，則所謂南李氏者也。南李氏有字蘗周者，於余屬表叔之行，與其從子晉卿，實司其事焉。蓋中州自明季之亂，舊家播遷無常，譜牒多不可問。因舊譜而纘修之易，無所承而創爲之難。今蘗周叔姪，勤勤懇懇，必詳必慎。至其成譜之法與例，則徐君文如有勞焉。夫人衆者易疏，而土廣者恆侈。李氏之先，久號素封，顧慕義而勇於事。郡縣之大興作，大賑貸，南李氏出其私財，以助公者，常嘖嘖人口也。今後人承其舊緒，克保厥家，而又急急以修其族譜，可不謂知其所先務者哉！徐君爲之求序於余，以期於必得，豈所謂爲人謀而不忠者乎？至於其先世初遷始末，其後仕宦之蹟，孝義節行，具詳於譜及他序中，此不書。

桐岡存稿卷第二　文二

送廖少府歸蜀序

縣之有尉也，古用以司兵刑。唐進士釋褐爲縣尉，其官與參軍等，後寖用他途。明則專以吏掾爲之，或以居謫貶之員。我國家用人之途甚廣，縣尉用吏員供事，亦有太學生爲之者，又有貢生資八九品官而借補者，不一格也。

吾縣尉廖君，西蜀舊族，世爲儒生。廖君幼而敏厚，刻意爲學。既爲增廣生，聲名蔚然，敦内行而端士履，視世之浮薄矜，如將凂焉。乃鄉試，幾中復失者數。貢入成均，得州吏目，試用於河南，權泌陽縣典史。吾縣有缺，遂借補焉。其初至，謁余，手持吾友王象山先生書，書大稱廖君之爲人。余因以知其爲善士，而非俗吏也。後數數見，又數數聞吾縣之士大夫皆稱之，民又皆懷之，而君猶然縫掖人也。人見之不知其爲尉也，蓋爲尉，非廖君意也。即此，正廖君之所以重於士大夫而懷於民也。未幾，廖君竟引疾而去。廖君果善士，而非俗吏也。

君行矣！蜀中山川之雄秀，士女之清淑，今應有長卿、子雲、子淵其人者，皆無恙邪？請進一觴，即此送君别。錦江、玉壘之閒，猶憶辰陵乎？

王太孺人壽序

魯山王象山先生，經明而行修，遠近皆知之，不知皆太夫人之教，而象山之善體之也。

歲癸酉，余始識象山於大梁，同充貢京師。明年北上，朝夕見，交益深；又同以母老不能久居太學，偕歸里。晨星夜雨，荒路頽橋，相與扶持慰勞，各相念慈母之所以望其子者，夢中或呼或泣，更相聞也。歲丙子，應大梁鄉試，相逢孟子祠前，趨相揖問太夫人無恙外，相與詢近來話。疇昔象山爲言太夫人之教益詳，未幾，余兩人同報罷，别去。歲己卯，余始得與象山同以《春秋》舉於鄉。象山歸，將以十二月十二日具觴爲太夫人壽，而以侑觴之辭相屬。余何足颺太夫人德美，然其所以教子者，既以稔聞矣！象山述太夫人之言曰：『凡人唯學，乃能立。汝孤也，立則誠難。夫學，盡力猶有慮，惜力將奈何？忠於君所以孝親，敬於人所以厚己。盡其力，俟其命，吾婦人知是而已！』太夫人者，寶豐李氏，故大家，歸於王，事翁姑，孝、養、祭，皆中於經。象山之太公，好讀書，學博以篤，謹於然諾，家漸落，太夫人猶委曲贊助，終成其好。太公年三十，未有子，遂爲置側室鮑氏，愛憐之如不勝。明年，而太夫人生象山，鮑氏亦連育三子，長而不知與象山異母也。當太公之卒也，象山兄弟皆童年，雨雪風淒，室家欲毁，太夫人以孱弱一女子，弔影顧形，泣血漣如，黽勉綢繆，左措右拄。今象山爲名孝廉，三子皆學官弟子，章甫深衣，蒸蒸色養；諸婦珩璜鍼縷，婉孌柔嘉。太夫人含飴弄孫，樂可知也。蓋余九歲而孤，賴吾母慈嚴兼盡。以及今溯其所以教之者，與象山太夫人略同。而余與象山朝夕惴惴，恐無以爲堂之上歡，然猶幸不見擯於士林者，亦内之有所懔焉。人生富貴貧賤、窮通得失之數，都無足道。唯我兩人相識以來，兩家之憂樂欣戚，不知凡幾。爲子不肖，時時廑慈母之懷，而高年康健，蓋真爲人生智力之所難求。其他區區，皆末也。象山益厲其學，出而佐天子以孝治天下，天下蒙其善氣，吾黨雪其虚聲，則何非太夫人之教之有以被於無窮也！

余諾象山之屬，不敢爲尋常祝頌之辭，第以素所知者，縷縷陳之，並道余與象山十年聚散之跡，歡好之情，且以見我兩人皆夙承慈訓，自幼至長，一切蹭蹬遭遇之故，又靡所不同，即以聞於太夫人，或可博慈顔一笑也。

王翁八十壽序

河南貢於鄉之士，大率其年三十以下者甚少，故逮事父母者，十不得三。而上逮王父稱重慶者，蓋罕也。郟縣王君泰運際元，年方二十餘，舉於鄉，出於吾縣前令劉青渠先生之門。青渠號知人，數數爲余道際元之爲佳士也。余同年何完初先生者，與際元同城居，又數爲余道其家風之素，祖、父教養之深，爲今之所難得云。一日，際元之同年，余戚蕭君象坤介際元來，肅拜而請者，則爲其王父太公介壽之辭也。

太公之上世，皆有隱德。太公性篤而行方，事親孝，而外無所尤於人。少入太學有聲，數科舉，不中去之，以經傳教子孫。有四子，長入太學；仲中武舉，爲漕運千總於處州，今侍於家；叔即際元之父也。孫八人，際元爲長；曾孫玘、珏等。門以内蓋六十餘人，雍雍如也。旅黨州閭，是式是儀；善狀彰聞，大府表門。蓋衣冠相聚，稱王太公，不問而知爲際元之王父也。於是乎太公年八十矣！吾觀郟、汝之間，山深泉冽，土脈厚而人多壽。今太公神明不少衰，縣有公事，輒任之，不以年辭。登降不須扶持，秉燭猶觀書，作細字，此豈非其稟於天者異，而善氣之充於中，而有以自固者哉！而吾尤羨際元之爲福人也。人生富貴貧賤、窮通得失之故，何足道！獨得於一堂之上，日率諸弟隨父母伯叔問寢視膳於王父之前，黄髮兒齒，色笑欣欣，此景何殊天上也。際元即以此語聞於太公，當更爲進一觴。而完初應是座中之客，應亦不謬余言也。是爲序。

絳縣李叟七十壽序

晉地民繁而田寡，然民繁而各有所營，故不困；田寡而無磽土，故常登。蓋晉人有田數十畝，豫人數百畝者，往往弗及也。又豫人有田數百畝，而且有貧不能自振者，晉人視其積纍纍。然量其倉，經旬月不能竟；問其田，不抵豫人十之一，或者竟無田。豫人有田且貧，無田者不待問矣！晉人田多者不待問，無田者有術焉，可以代田，此無他，勤於用力，而自奉約；勇於去鄉，而謀生，備日月所照，莫不有晉人居焉，而吾豫幾參半。李世瑞，晉人也，而游於豫。性慷慨，喜交結，豫人樂與之交。今年春，其父李叟年七十矣！西歸，謀所以爲壽者。因秀才丁子軒若，臚其生平，而求縣尉李君爲介，以乞余一言。

丁子云：李叟之上世，皆忠厚，有隱德，教子孫勤苦，自食其力。叟生而樸愨，父早卒，事母陳，孝。娶於張，曾割臂作羹，以愈姑疾。族有孤兒，不能活，叟養於家如子，成人後，手攜之，示其祖若父之墓，泣且拜，而歸於其宗。有見之者，無不咨嗟稱善。有二子，長即世瑞；次世靖，爲人如其兄。以丁子所云李叟之行事如此，而優游豫順，以永其年。二子者不憚勞苦，牽車服賈以爲養，其力足以致温凉，饒甘旨，而妻孥僕隸，悉可以飽食暖衣，敦素崇儉，當裕思歉，以無遺堂上之憂。其歸而爲壽也，更能懇懇委曲，以必得余文，始足以揚其親，則亦知夫爲親悦者之不徒以其積之纍纍也。夫以叟之年，即使無事可稱，亦樂爲祝哽、祝噎焉，況如丁子之所云，而更得二子爲之繼哉！

二子其歸，語而翁昔春秋時有絳縣老人，其年四百四十五甲子，而翁，絳縣人也。

藍田先生壽序

近世之凡爲壽者必以文，其文則往往虛詞濫頌，甚至於其所壽者，並無一日之知，而强徇其請，固甚無謂。吾兄藍田先生者，汜水之碩望也。其王考愛吾先生，行義孚於鄉。考雍州先生以孝德聞，晚年得原武教諭，不就，前後官其縣者皆行式廬憲，乞之禮焉。

藍田先生世德相承，以内美修能，來訓是邑。今年仲秋，令吉年七十矣！縣學弟子數百人，謀所以盡其愛敬於先生者。於是縉紳耆艾，莫不具觴稱慶，而徵言於余。夫余以兄事先生久矣！以數百人爲其兄之壽，而爲弟者，顧安得無言？而況知之有素，而言之非無謂邪！蓋縣學有泗池，楊子玉先生秉其教，而先生副之。兩先生相得甚歡，門弟子莫不相慶其得師也。既而新安凌玉屏先生來，爲書院山長，於是學者言必稱三先生，三先生皆不棄余而樂教之。春秋佳日，過從无閒，相愛相勖，行跡都忘。今相偕爲藍田先生之壽，而見夫羣獻其誠，奔走恐後。先生之致此，固宜。夫有德者必有年，是事理之常。若夫神仙誕怪之説，儒者弗道，而虛詞濫頌以爲祝，既非余之所能，而亦豈爲吾兄者之所以樂聞也？先生廉慎而篤厚，顧好客而豪於飲，而與子玉先生時時校巨觴無算。余與玉屏先生皆不善飲，每彈指而歎二老者之不可及，而愛之切，遂慮之過，因從容言：『宜且少節尊罍焉！若夫今日者，則吹笙式燕，嘉賓具醉，主人宜更何如？先生其勿以前言爲例，余且更爲之勸巨觴也。』

胡芸圃先生壽序

余年二十時，讀書於陳郡者五年，獲交於陳之士者多，大率皆年長於余。而胡芸圃先生，則長余一歲云爾。時年少不知愁，凌厲飛揚，意不自知，其欲何爲？視四十、五十之年，便如霄漢。乃今回憶二十餘時，如彈指耳！今年先生七十又一矣，方且授經於里。其精神視聽，校四十、五十之人，更有不如者。受業二三子，謀所以爲先生壽，以詞屬余，此余所樂爲道者也。

先生性恬而學邃，言謹而行方，蓋其氣固，其神全也。先生之先世大人，皆爲儒，敦行光於鄉黨，其年皆至九十。則芸圃之得年無算，固其宜也。芸圃自謂爲太平幸人。或曰：先生德盛而年尊，此理之必然，何幸之云？余曰：此人之所不敢幸者，而先生得之，自以爲幸，亦足見先生之德也。今夫不應得而得者，謂之幸；而勞智力以求之者，謂之儌幸。所謂求之、得之，皆人也。而至於天，則非智力之所能求者也。人世一切欣之、艷之之事，無不可以智力求。而不可求者，年也；得其非人之所能求者，天也。先生之得乎天者，蓋必有以也。先生更臻於無算。當後日之年，憶此七十之年，亦復同於今日之視二十時乎？先生其舉觴，聞此言，應粲然而笑也！

明劉秀才傳

劉先生景躍，字躍如，西華人。天啓初，爲秀才，顧甚厭薄之。嘗入試，文將就，忽喟然歎曰：『劉生乃區區爲此哉！』擲筆出。主試者曰：『狂生也。』於是『狂生』之名滿天下。

然躍如爲人敏且慎，晏居横列九經、十七史，縱横讀。或有問某事出何書，即取其書示之，應手而得。在稠人中，笑言竟日，未嘗一語及時人賢否。李太僕君實爲令，一見，大奇之，曰：『躍如不狂。』周藩聞其名，禮聘之。居三日，去。南游楚，東游梁甫，登泰山，游海，又詣闕里，拜孔子廟，所至，王公大吏皆迎致恐後，躍如與談國事，慷慨流涕，以爲疆場戰守諸機宜，皆若數著可了，無不感動，然皆不能用。歸，盡斥其家所有，可數萬金，胥以與所識，而自放於山水閒。所親或更贈以金，不問多少，一日盡。人皆詫之，謂：『胡爲者？』其友曰：『彼豈屑爲游俠結客之行天下亂，謀又不能達，蓋不以家爲矣！』或具以告，躍如笑，弗答也。更飲酒，近聲妓，醉則仰天哭，或磨刀霍霍，曰：『殺賊！殺賊！』寢夢中每大聲呼：『事去矣！』哭而醒。好爲詩，成則自歌之，聲振林樾閒。其友聞之，歎曰：『此慷慨憂國之劉生也。』或徘徊泣下。後嘗居汳，又游江、淮閒，返而之宋、之許。留許者最久，遂卒，年四十。當躍如時，西華固多奇士，其尤著者曰胡先生然、曰理先生𧮭和、曰萬先生宏祐、曰洪先生清晝、曰杜先生鉉、曰王先生夢龍、曰王先生鼎鎮、曰李先生郁、曰吴先生中奇、曰金先生闞颺、曰姚先生柱石，或仕或不仕，皆與躍如友，且皆心服躍如，以爲弗及，而躍如最先卒。

張遠覽曰：　吾讀劉先生詩而悲之，草莽韋布之士，深心憂國，以至於死。廟堂之上，何爲者？顧以先生之高志奇行，而世但以狂名之，何哉？雖然，天下之無狂者久矣，悲夫！

明沈烈婦傳

沈烈婦者，西華沈默女也。幼矜莊，讀書通大義，有賢孝聲。里中生員凌霄漢喪妻，聞其賢，聘焉。歸凌霄漢後，銅釵布裙，動引古人勖其夫，霄漢甚敬之。當明之末，河南郡縣多賊，霄漢嘗謂烈婦曰：『脱不幸，奈何？』烈婦曰：『無憂也，計熟矣！』

居七年，霄漢殁，烈婦一哭而後即起，理衣衾殮殯，纖細具。三日，晨興更櫛沐，拜凌氏家祠，又哭於夫之柩，又遥拜其父母。禮畢，徧呼家人，以序立於庭，付以家事，家人皆拱聽。一婢稍前熟視之，忽驚走，且哭曰：『主母顔色殊大異，必有故。』烈婦笑曰：『吾吞藥死耳，何驚邪！』家人驚，競進藥解之，烈婦曰：『夫所稱未亡人者，以有子足賴故也。今夫亡無子，且天下皆兵。夫在，猶且憂之，况今日孑然一寡婦，而不死，尚何日死而藥解邪？』語已，趨入室，遂死。於是家人曰：『吾固怪當夫人死時，毫不見倉皇之色。今乃知其死之志，早定也。』其娣姒曰：『吾固知夫人之必能死也。』時爲崇禎十二年，烈婦年二十七。

劉忠烈公伯驂方令西華，表其里，擬請旌於朝，而寇薄西華城，劉公死之，遂無有能上聞者。

理君安和傳

蓋自明崇禎時，理寒石先生㫷和，恥與李自成同姓，姓理氏，而西華理氏大著云。理安和者，字賡唐，生員，有德子寒石之從弟也。生數歲而孤，從寒石學最力。寒石出爲蘇州推官，而安和不仕。

李自成寇河南，破西華，得安和，奇其狀，曰：『秀才邪？』安和詭云：『不識字。』賊乃使之擊柝，安和夜焚火，出袖中所攜書讀之，手仍持柝，擊且讀。居數日，賊使毁民禾。方擊柝，若不聞。賊怒，拔刀加於頸，仍擊柝不已，賊乃舍之去。當是時，寒石已爲兵部郎，監贛州軍。而我兵下贛州，寒石死之。安和聞之，哭曰：『吾固知吾兄之必死也。』即急走訪寒石母若子之所在，而寒石之子習，已奉祖母歸。安和迎於家，事之如母。習故爲蘇州營副將，至是，又出將兵，死於陣。子省三，才數歲，安和教之，又分之田。省三最知名，而安和則閉户讀書，不接人事。

順治十年，其友勸之科舉，不應；固勸之，勃然曰：『爾以我力學爲科舉計邪？』即脱其所戴冠，曰：『吾烏用此爲哉！』手裂之，擲於地。友大驚，踉蹌走，乃徐笑曰：『吾今休矣！』

即自除其生員籍。日飲酒大醉，狂呼怒叫。既而歎曰：『男兒既不能死國，即當無所係心耳！』於是盡束其生平所讀書，及手鈔諸秘本五千餘卷，金石文拓本又千餘卷，鐍於一室，袖中但存殘書一卷，人竊覘之，老子《道德經》也。晚多與方外者游，好爲養生家言。所著有《日記》一卷，《性命圭旨解》若干卷，《等字》一卷。

弟貞和，字閒雲，縣學生，亦從寒石學。一時名士之交寒石者，皆交焉。以文章氣節自負，聲名蔚然，後卒於鄢，所著詩一卷。

爲山先生傳

爲山先生者，姓周氏，後寄籍姓楊氏，而字爲山，學者稱爲山先生，汳之祥符人也。父聖化，用進士爲定海知縣。先生隨之定海，則從沃先生其章學；父遷之秦州，則從楊先生化貞學。兩先生皆儒者，而先生之學，遂以成。

當是時，西鄙方用兵，飛檄促軍儲，多額外之供。秦州坐不能應，罷官，而猶累帑金數萬，羈於秦，不得歸。先生北走燕、趙，南走閩、越，號呼於人，求代償其父所累官金，十餘年，終不可得。而秦州及夫人，具殁於秦。秦州去汳三千里，謀歸葬，又不能。於是留其姪炳青守柩，而己奔河南，謀所以葬其親者。又十餘年，始克奉秦州之柩，葬於西華，於是先生年六十矣！僦屋以居，敗瓦頹垣，徑茅蒙蔽，閉門著書，不通交游。所友者，先君子及張先生文齡可庭、胡先生瀞澄波、王先生隆照怡亭、錢先生廷文樸安，四五人而已。而四五人者，皆先君子友也。先生嘗痛其親遭患難以殁，故終其身，衣冠皆素，歲時不使兒女拜賀。又九年，卒，年六十九。卒之時，索筆書遺屬，家人環立，各付以事，語皆了了。語畢，正冠而逝。平生所著詩古文詞若干卷，曰《瓢斟集》。其在秦州，著《隴西漫記》一卷；其在西華，著《西華志》四卷。晚年讀《易》，益究性命之旨，著《易説》二卷。先生名安辯，初字巽行，蓋嘗爲貢生云。子仲遠，最知名於鄉。

張遠覽曰：遠覽四五歲時，侍先君子，見賓客，時爲山先生鬢髮已皓然矣！先君子曰：『吾友不過數人，皆汝他日之師也。惜汝不及見可庭耳！』爾時即心識之，不敢忘。比先君子殁，遠覽財九歲，日日見爲山先生，先生每手攜之，視余泣下，曰：『故人之子也。』比年十六，始得受學於胡先生。明年，胡先生殁；又五年，王先生殁，今惟錢先生在耳。蓋得聞爲山先生之教者最久，而先生又殁。然而諸先生之德容道貌，如在目前也。今略著爲山先生之軼事如此。嗚呼，是益觸我失怙之痛也夫！

張可庭先生傳

張先生文齡，字可庭，陳州西華人也。世有隱德，至其父，頗爲鄉里所畏。生先生，又置妾，生三子，遂移其愛於庶孽，而怒其嫡。先生起敬起孝，撫三弟甚篤，三弟亦感之，而其父竟逐先生。先生呼天號泣，自懲艾，謂不復比於人，未嘗一言揚其親過。康熙五十三年，舉於鄉；雍正五年，成進士。縣令以下及士大夫，皆候門稱賀，歲時問太公起居。其父既榮之，乃復稍稍子先生。先生性伉爽，不拘瑣細，遇事又委曲詳慎，而不任氣。平居凝塵滿榻，琴書顛倒狼籍，鼠嘖嘖舞其中，檢書時，若恐驚之。有邀之遊，未嘗辭。置酒則醉，遇可與言者，輒醒。頭經月不梳，衣無美惡，敝不補，垢膩常滿。行市中，反手入衽撮蝨，擲於地，蠕蠕然。然爲人白皙，眉目如畫，人未嘗見其讀書。叩之，淹貫淵博，莫能測也。初，先生既被放，遠近皆慕其行，多遣子弟從之，所得束脩甘旨，潛託三弟獻其父。時或不得通，則循牆走，泣且望，見之者莫不泣下。其枕旁爲淚所漬，久而盈尺皆殷。八年，就吏部選。京師地震，死者甚眾，先生遂不免。今禮部侍郎鄒公一桂奔哭，賻賵甚厚，歸其喪於西華。其父乃痛而復甦，曰：『嗚呼！奈何吾有孝子而早不悟也？』所著詩雜文多亡，今存者不十篇。子佳忱。

張遠覽曰：余生不及見可庭先生，然時酹酒於先生之墓，又拜先生之夫人於堂，不自知涕泣之何從也。余猶憶三四歲時，一日夜將半，叩門聲急。既而知先君子哭甚哀，家人皆哭，則先生之卒也。於是知先生與先君子蓋兄弟交云。後時時從士大夫長者問先生軼事，而遺文彫落，綴述無由。夫以先生之行，而所遭之酷，至於如此，何怪夫人之致疑於天也。然先生歾且三十年，而風流宛在，泯泯者蓋不知凡幾矣！悲夫！

凌魏公先生傳

凌先生琦，字魏公，世爲西華人，性孝而行正。五歲侍其祖母側，老人好欬唾，輒以手承之；十歲侍其祖父疾，如成人。及長，補諸生，動必循禮，貌魁梧，瞻視凛然，言笑弗苟。是時學者沿明季餘習，放誕風流，狂歌醉舞，褭屐翩躚，皆倏然避去。相與竊指曰：『是家胡爲者？』乃瞿瞿然，令人不樂。遭父母喪，哭泣嘔血，數氣絶甦。其兄數十年言及之，未嘗不下淚也。嘗戒其諸子曰：『昔我先人遭明之亂，奔走勞憊。今乃復家，汝曹幸生太平，不知顛沛之苦；衣煖食甘，可不敬哉！夫念祖則必修德，修德則必慎交。四海之人，一言之合，三爵之酒，終身之許，少年意氣，老成所惜也。』

贊曰：余聞父老言：人即不識先生，見有行步規矩，布袍寬大，絜外見而無垢汙者，即先生也。又聞其嘗從外來，二僕候門。一僕曰：『事主人三十年矣，入門必自第幾甎，折而至第幾甎。』一僕不信。及入門，果然，相視而笑。問之，以情告，亦自笑也。即此，如見先生矣！乃余獨反復其戒子之言，有餘思焉。少年氣盛，夫安得盡味乎其言而不以爲非是？嗚呼！所惜！諒哉！諒哉！

桐岡存稿卷第三　文三

重修漢世祖光武皇帝廟碑

文獻之不足，莫此邦爲甚。而其蹟之猶在者，父老傳聞，往往多荒唐附會，而不足爲据。然與其過而廢也，無寧過而存之。縣城之南十五里，舊有漢世祖光武皇帝廟，其所由來，不可考矣！

光武發祥於南頓，而龍興於南陽，吾縣居其衝。漢制：郡縣多爲帝立廟，所謂原廟者也，此或其一與？光武既定天下，幸南陽，與諸親戚置酒道故，又祠南頓君廟，復其民租。而吾縣當鑾輅往來之道，其被恩宜尤渥，抑或民感而立廟與？夫王者，統一宇内，莫非赤子，而往往於其發蹟之地，三致意焉！民生其地，又竊以爲王者之桑梓，榮於他郡，則此縣之廟祀光武，亦遺民之區區忠愛所得自盡於前王者，不可已也。我國家成民致神，凡前代陵廟，無不修復，恪恭祀事。光武之陵既歲修而時祀矣，其他民間之私致其區區，所謂歲時伏臘走村翁者，固亦非有司之所禁也。今日修世祖之廟，殆非漫無所謂。雖文獻無徵，與其廢之，無寧存之，而况民力之於是乎？普存也乎？工訖，來請其碑之辭，爲書之如此。至於所有事者之姓名，具列碑陰。

劉公祠碑

公姓劉氏，諱伯驂，字遇伯，河間貢生。爲人明慈，好禮而有氣，以崇禎十一年，爲西華縣知縣。是時，河南盜方熾，民窮且餓，而劫奪無虚日。公内推德惠，以撫難民，外嚴守備，以禦悍寇。夜親持刁斗，坐城樓上，督守陴者。至忘食，左右奉之，曰：『民困且死，吾食不下也。』縣人皆感奮，以死自誓。賊屢攻不利，輒引去，不敢窺西華。

十四年正月，河南府陷，李自成殺其帥，自立爲闖王，併其衆，以刦汲以東。九月，屠項城、商水，越西華，屠扶溝；十二月，陷洧川、許州、長葛、鄢陵，皆逼近西華，乃去攻開封。公聞，即遣妻拏奉太夫人歸河間，縣人皆泣曰：『公不歸矣！』明年正月，襄城陷，賊遂攻西華。公帶雙鞬，握大刀，登陴固守，有勸降者，立斬以殉。賊怒，驅其下爲十覆，迭攻之。數日，援不至，城遂陷。公乃釋胄，易朝服，内印綬於懷，北向，望闕拜，並遥拜太夫人，自投井中死，縣人葬之東門外。嗣是公子福清來迎喪，縣人號哭，不許，議爲之祠。至我朝康熙初，去公死時三十年，而福清爲鹿邑知縣。西華人曰：『我公之子也。』相率而省者不絶於道。祠成於康熙八年，舊有碑，於公之始末，殊未詳。余故考述其事，揭諸道左，俾後人屬耳目焉。時乾隆二十年十一月長至日也。司其工者，縣尉李君大成，君亦河間人。銘曰：

天以劉公，賜我敝邑。不先不後，值事方蹙。乃衣乃鬻，乃浚乃築。既惠既嚴，斯歌斯祝。狼嘷鴟嘯，其來飄忽。外援不至，内計何屬。北風蕭蕭，葭葦冥冥。流者人血，哭者鬼聲。公髮上冲，公氣上騰。刀迅如雷，矢集如蝿。擊鼓其鏜，百雉已傾。脱我戎服，衣我朝衣。冽彼寒泉，臣之所歸。皇天后土，二祖列宗。寄臣此城，臣敢偷生。臣力已竭，天鑒臣誠。狂賊未殲，臣目不瞑。縣人輿尸，其哀轟轟。公子來迎，萬人是爭。公仁我人，我親公墳。奔走如雲，作廟以禋。生爲國士，死作國殤。青松白楊，忠魄是藏。樵採是禁，俎豆是將。神風靈雨，芳馥滿堂。其降洋洋，衮衣繡裳。豈伊異入，前令此邦。

諸葛郙重修顯慶寺記

縣城西七十里，有村曰諸葛，其得名不可考。或曰朱葛也，以郙之二姓多故。今居是郙者閻氏、鄭氏，號著姓，且族指衆，顧獨稱朱葛，何邪？

郙之側有寺焉，郊邑聚落大都，皆有寺，蓋俗所謂借佛力以佑衆生者。而寺名顯慶，則又不可考。顧遠近皆知其爲古刹，其必唐之世歟！顯慶者，唐高宗紀年之號也。是時佛教方崇，諸寺僧往往得大官，學士大夫敬承恐後。梵宇珠宫，若鱗次然。至今流傳唐人諸金石文字，率多佛寺中物也。吾獨歎千餘年來，時代改革，治亂循環，西望乾陵，幾如平地。至詢之居人，不復知爲何王之隴，歲時無雞豚之薦，牛羊從而牧之。而區區一寺，巋然當存，豈富貴之澤，有難以久留，反不如虛無寂滅者之相引而不已邪？抑浮圖者，流前維後，係務竭其力，不自以爲勞，而被服儒者又每每周旋而護持之邪？此寺之修，宋、元以來屢矣！明初，閻、鄭二氏重修之。我朝閻文彬、鄭紹堯兩修之。乾隆十七年，鄭紹禹又鳩其鄉人醵錢，范佛像以金。而奔走其事者，僧廣喜也。於是諸葛邨人謁吾友趙君含光，俾請余爲記。余頻年多病，塊然獨坐。有時念佛氏萬念俱寂之說，反爲歎羨。今趙君之以是請也，亦欣然而爲之辭。噫！亦可感也。

柳城修神祠記

吾縣凡鄉邑聚落，莫不皆有神祠。凡爲祠非一室，則其神非一名。其冕而秉圭者，則曰三官之神；其披髮而端拱者，則曰元武之神；其衮旒而環列小兒百十爲羣者，則曰廣生之神；其簪髻而瓔珞者，則曰菩薩；其狹顴而撮指者，則曰某聖；其白皙而甲胄者，則曰某郎。蓋其名不列於祀典，而其肖貌之所以然者，豈鄉人之意爲之與？以余所見，何其皆然也。

縣西北有聚，曰柳城，有神祠焉。其爲室凡二十四楹，故其爲神者，莫不具。縣數大水，圮矣！乾隆二十八年春，柳城人張鵬萬等，相與募錢而新之。其輪榱皆丹碧，其神像皆飾以金。二十九年九月訖工，乃詣余爲記。

嗚呼，先王神道設教之意尚矣！即以今日鄉邑聚落之所祀，不必稽古義而問其宜與否，而但名之爲神，則耳而目之者，無不肅然，若有所攝。但曰神有靈，則無不震動焉。而邪心潛消於不覺，雖縉紳先生難言哉！而一鄉之所輸誠而盡物者在是，神祠之圮而更新，孰能已之？歲豐時和，釀酒擊豚，父老率其兒孫，農夫呼其婦子，摳衣叩首，報功今年，祝稔來茲。村笛社鼓，燎楮爆竹，巫舞覡歌，啁嘲婆娑。既而布席坐地，引滿相酬。黄髮飫甘，赤子分果，皆大喜歡。蒙神之福，此亦何莫非太平之象也乎！鄉人其共勉之！田閒終歲作苦，粟絲不易，幸而獲豐，莫忘遇歉，莫作無益，以害有益。孝弟力田，無干有司，期爲盛世之良民而已。而凡名爲神，莫不聰明，降福不阿，維行是視，匪由於祀。敢告諸鄉邑聚落之凡有事於神祠者。

經訓堂記

青浦珠街里之恆春橋，實維資政大夫大理正卿蘭泉王先生之第，有堂曰『經訓』。是先贈公之所扁，並扁其齋曰『鄭學』，戴太史震東原爲之記矣，今先生特以堂之記屬遠覽。

夫經，常也；訓，示也。聖人修經以垂訓，傳經者顯文以示義，亦曰訓故，《爾雅》有《釋訓》之篇也。蓋贈公篤於經學，以鄭氏爲宗。而先生之於經也，纘繹前緒，綜毖舊聞，淪支濬源，窮微抉奥，而尤邃於《易》。夫《易》，羣經之總也。本象以著理，即據理以證象。漢人深求乎象，而略於理。王輔嗣破飛伏納甲之習，而專言理。專言理而遺象，則又失《易》之本矣！其兼理象，合天人，則惟有鄭氏。鄭氏本費氏古文以爲注，王氏與鄭氏並其後，王盛而鄭微。鄭氏注《毛詩》、《三禮》，到今粲然；《論語》、《尚書》及《大傳》，猶皆可散見；而《易》竟不完。唐李氏《集解》特存鄭說，又裒三十餘家之文，以抑王而扶鄭，鄭學賴以弗墜，顧世鮮有好之者。先生固於此乎，懇懇矣。

嘗見世之爲經者，其陋者不能好學深思，朱、蔡、陳、胡而外，茫然不知更有何說；亦有淺窺箋疏，而浮慕不衷，游談無根，此固不足道。獨怪有聰明穎異〔一〕，自命宏通，肆情博究，困而思，倖私心無忌，悍然掃古訓而申己說。夫發前賢所未發，豈不重賴後賢哉！乃好行其智，開端即先斥前賢之皆非，而究之卒莫能拔出其際，往往拾大雅吐棄之餘，沾沾自喜，以爲智不及此也。甚至鑿空捕影，以幻相炫；或且負固矜奇，以豫自鳴。渡不操楫，已溺而笑。嗚呼！是可無登經訓之堂已。先生自爲諸生，以至九列，於經未嘗一日輟。古訓益宏，心得益粹，中閒驅馳數萬里，衝瘴厲，凌危險，抱珥猛賴之河，校射桃關之坂，爲《禹貢》、《職方》之所不及，而鼓行於雨毒風腥之下，督戰於沙流石走之場。整暇從容，一若無事。及凱旋飲至，勛績懋昭，又若淡然忘之者，即此亦以見先生之得於經者深，而其得以居是堂而朝夕研討者，顧無幾時也。

今又爲大理卿矣！是古大舜所以命臯陶所謂明刑弼教、期於予治者也。先生負明允之重望，以佐聖天子，欽恤之至治，俾好生之德，洽於民心。所謂刑期於無刑、民協於中者，正今日之事矣！先生他日大拜，其道大光，《易》所謂『不習無不利』，非不習也，習於經訓，措之而已。然則先生之於經訓，方大敷其澤於天下而無窮，豈得高卧於是堂中哉！而贈公之所以命是堂者，綦可思也。遠覽執經之後，承名爲記，第質言之，先生必有以進而教之者，惜東原不及見耳！先生舊德尊於朝野，朝野皆稱蘭泉先生。近又自署曰述菴。夫述也者，述經訓也。

【校勘記】

〔一〕穎：底本作『潁』，疑形誤，故改。

洪泠川先生墓表

先生諱清晝，字元平，姓洪氏，世稱萍莊先生。萍莊其所居，卒即葬於是焉，蓋明季之處士也。先生内美重修，經窮文蔚，行成杞梓，交盡顧厨。維時禍蔓東林，獄繫北寺。苓采采而胡得，兔爰爰而誰罹？狐嘯狼嘷，鸞漂鳳泊，先生逸氣風高，孤懷霞舉。知屠龍之無用，甘澼絖而不封。莫燒龔遂之熏，盗獻卞和之璞。浣清流以自潔，占肥遯以長終。乃以崇禎十二年月日卒，年不及中壽。無子，所爲文亦不傳。

嗚呼！室有德曜之賢，門乏童烏之幼。禰正平生前作賦，徒傷邑邑於一隅；黄叔度身後無書，想見汪汪之千頃。去今已遠，緬昔猶新。相與樹表窀扃，刻銘蘭宇。千秋護死士之壟，顔斶之論斯徵；片石鐫有道之碑，蔡邕之辭何愧。銘曰：

伐檀寘河，考槃在澗。美人閒閒，長夜獨旦。河流清泚，芳草如積。孤墳三尺，過者是式。

湄園先生墓表

昔有高士，曰胡先生然，字亦然，世所稱湄園先生者也。湄園者，在潁之湄。至今過之者，徘徊流連，有餘慕焉。蓋先生隱居於是，殁，葬於是。孤墳三尺，逸氣千秋。其門人理寒石先生邑和，志其生平，詳而納於墓矣！百餘年來，展禽之壟雖修，郭泰之碑未樹。族之賢者，懷賢有淚，過墓興哀。伐貞石以刻銘，揭幽宫而焕表。其辭曰：

於維湄園，少爲諸生。高冠長佩，玉璆以鳴。乃裂其襟，被髮遐征。厥征何遐？湄園是營。彈琴長嘯，誰攖其盜？時際熹懷，梟獍縱横。薰燒明煎，鴻飛則冥。東林數招，避不署名。周王卑聘，三致其誠。然後一見，禮洽吹笙。勸令入試，主者受成。夕聞此語，明日遂行。人倫敦篤，欵欵拳拳。勇若卞莊，義激魯連。餐霞飲沆，把鳳挹鸞。鴟鼠何嚇，□鵶何謾！清風披拂，清流淪漣。一抔維馨，宿草維芬。此銘不蝕，長照朝暾。

何君墓表

吾友楊儒夫，不妄譽人，而其誌何君之墓，稱善人也。何君非有時世名，第樸慤無文，生勤其力，行敦其庸，懇懇以終其身。

君諱思舜，字際虞，吾縣之宿寨人。宿寨之何？明正統時，自江西新喻而遷者，曰魯銘，十一傳而至向成，是生景唐及君。君讀書耕田，盡力以事父兄。兄殁，兄子江派性豪蕩，揮斥其産以殁。其子乙、丙，君恤之，至償江派之遺債，立乙、丙之新田。有姊適史氏而寡，君經理其家，而勉其節行。平生無假無濫，無一言及人不善。於人疏而不慢，故君子悦之，而小人無所怨。君生於康熙五十三年九月十六日，卒於乾隆五十三年十月初二日。配杜氏，繼王氏。子清照，貢生。孫應庚。女子歸賀氏。嘉慶元年二月初七日，葬於宿寨東南二里許柏家莊後之原，其誌如此。余揭以爲表，更係以銘曰：

嗚呼！人之爲善，於鄉不必顯馳其聲，而人則隱受其慶。使一鄉皆有如何君其人者在焉，風俗可以爲之厚，家室可以爲之康。嗚呼！善名誰沽，墓誰誌者楊儒夫？我爲表焉永不渝。

宋府君墓表

君諱之胡，字瑗若，姓宋氏，世爲西華人。其先當明洪武初有伯義者，以才行舉，官至陝西布政司左參政。參政之後，有縣文學諱文耀者，始居於縣西十里之龍池。六世而至統殷，有三兄，皆縣學生，而統殷不得學。凡三娶，生一子，即君也。甫十歲，而統殷及其配相繼殁。當是時，李自成破西華，縣令劉公伯驂死之，置僞令，而縣賊金臯據寨抄掠，龍池正當其衝。宋氏又有樓臺園池之勝，既盡爲賊所得，又刦君去。之上蔡，得閒逃歸，野棲道食者十餘年。賊平，詔流民各復其業，於是得田二頃餘。有老僕歸謁君曰：『吾家田連阡陌，郎所知也。其據不能確者，不敢言。今即某某所耕者，不下六七十頃，皆奴所履畆，計穫者可一一按而取也。』君曰：『慎勿言。且彼既已占矣，奪之將無可耕。吾自有二頃餘，足食子孫矣。』屢言之，卒不動，聞之者莫不歎息以爲難，有泣下者。蓋是時，君年才二十餘云。君生於明崇禎五年，卒於清康熙四十八年。娶謝氏，有婦德，生於崇禎六年，卒於康熙四十九年：皆七十有八。六子：士才、士魁、士傑、士楷、良佐、良弼，孫洪智等十四人，曾孫爾柱等二十四人，元孫四十人，來孫十一人。君之父嘗曰：『吾艱於嗣，而吾子之後，則必繁。』果然。洪典者，行孚於鄉，縣令旌其門，來請余表其祖墓，更係以銘。銘曰：

身外何係，世則急矣！嗚呼宋君，意亦遜矣！所取不貪，所貽不殫。在古爲常，於今實難。我表其墓，龍池之灣。後式其先，永哉無刊。

謝府君墓表

先生諱奎英，字誠子，姓謝氏，世爲西華人。曾祖以申，貢生；祖甘露，處士；父爛，生員，生五子，先生其季也。先生爲人，敦志節而修内行，兄弟析産，悉推其田之美者，以予其兄，而自擇鹽磧以耕之。授經束脩所入，皆以周婚喪之急。知縣事歸公鴻甚重之，延以爲師，以教邑子。當是時，詔州縣舉孝廉，歸公以先生應之，辭之，愈歎息以爲不可及，因書『浩然尚志』以贈。年八十，以壽終，時爲乾隆十年七月初一日。先娶王氏，早卒；繼吕氏，讀書通大義，年八十有六乃卒，時爲乾隆二十六年七月二十七日。子二：王出者，純智；吕出者，超豪。孫五：必明、必敏、必惠、必肅、正己，皆純智出；必肅，爲超豪後。曾孫十一人，元孫二人。乾隆某年月日，葬先生於縣南二里謝氏之阡，以王、吕兩君祔。必肅來乞表其墓，余爲書其大略如此。嗚呼！余之少時，猶及見吾縣諸老先生，大率善氣迎人，動必以禮。來，彫喪略盡，而後生少年，但耳聞某某，未嘗親炙德容。典型不遠，已渺若河山。雖或流於佻達，不自知其不可。余之德薄能鮮，不足以表勵末俗，徒竊竊以爲憂。顧昔年於高年碩德之人如先生者，皆得撰杖屨而接謦欬，豈非幸與！余是以表先生墓，而重有感也，乃爲銘曰：

古心古貌，古之衣冠。不知有他，世或不然。余表其墓，用告來茲。是維老成，是式是儀。

張府君墓表

張府君諱維清，字緝熙，世爲山西陽城人。曾祖珮，祖作金，父戴先；母王，繼母茹。君生二年喪母，又十餘年喪父，賴繼母撫如己出，以迄於成立。

君性醇謹，内行修，於人無所忤，而可否斷然。事叔父昭先嚴，昭先子輔清，君左右提攜之，惟恐其不得當。視人之急如己，於故人雖貧猶周之。蓋君攜其子芝庭客於吾縣，是時芝庭年才十餘，余更少三年，獲與同學，好如兄弟。既拜其大人，愈久愈知之詳。蓋其居於吾縣也，至今猶思之。比其歸也，有人自西來，每問，君未嘗不肅然動容也。余曩者以子弟之禮，撰杖屨於側，辱蒙良誨。前輩灌灌，豈可復得？嗚呼！生無以報君，歿乃表其墓。君生於康熙某年月日，乾隆元年至河南；二十二年，芝庭用選拔貢生，爲夏縣教諭，君封如其官。三十一年八月二十日，卒於夏縣官舍，年七十有□。元配李，繼配闞。李生一子樹佳，即芝庭。以某年月日葬君於陽城某里某原，李、闞兩孺人祔。孫三：光晉、光桂、光魏。銘曰：

善人殁，有子令，如不殁。生而約，報宜沃。後則穀，法可銘；陵或谷，銘不剥。

潘岡閻君墓表

嗚呼！墓之有表也，不綦重哉！吾縣西三十里，土厚而木喬，陡邃森蒨，曰潘岡。有墓焉，實漢溧水長潘君乾字元卓之墓。岡之所以名潘也，乃牧豎相傳，以爲宋潘韓公美之墓。以無表以爲識，而先賢之所藏，遂至於妄相指名，不其哀哉！

閻君者，諱理，字中和，潘岡人也。潘岡人稱爲閻義勇君者，君之祖也。明亂，築寨練兵，以保鄉里，鄉里賴以全。土賊欲害之，而奪其寨，置酒邀之。察其色異，疾起，走，伏發，躍奪其刀，且揮且走而脱。李五者，永城豪也。爲賊所縛，截耳斫指，不屈，義勇君馳救之。賊急刎其首，未殊，以藥傅之，創合，資送其歸。五曰：『曷歸？願爲閻氏子矣！』曰：『不可。』割之田，而立其家。某乙者，其家爲其鄰所屠，僅餘乙。乙長，復仇，殺其鄰。坐殺人，死力救之免，殁，兩家喪之如其親。

義勇君諱治國，生十一子。季諱宗舜，少孤，依其第五兄以長，事兄終身如事父。耆年行義，爲鄉里所師尊，君之父也。君生而湻慤，少無子弟之過，壯有長者之行。有寡姊無子而貧，君迎養於家，恩禮篤至。友於弟，敦於族，閭黨雍睦，莫不率訓。鄉里有爭，一言而解。其生也，人賴之；其殁也，人思之。殁，年七十有九，乾隆五十八年八月二日也。配凌氏，有婦德，生殁與君同年。乃於乾隆六十年閏二月日，合葬於潘岡先墓之次，北距潘溧水君之墓一里。子二：錫權，監生；次成開。孫二：峻嶺、東嶺；孫女二，婚字皆著姓。錫權來請表其墓，蓋思所以不没其親者，而知墓之賴有表者，重也。於是爲銘曰：

是維閻君之墓，陪祖父，厥配祔。維潘岡，得所厝。岡不隤，墓長固，表是樹。

桐岡存稿卷第四　文四

上高知縣淩君墓表

淩君諱西峯，字申亭，其先由江南遷西華，世耕讀，爲善族。曾祖宗輝，祖恪己，父璨，皆有隱德。君幼喪父母，又無兄弟，岌岌若不可活。而君能强力自刻苦，非力不食。晝拮据於農事，夜讀書，專致力於科舉之學，爲縣學生有聲。歲壬申，中鄉試。屢試禮部，不中，乃於歲丙戌，揀選舉人，得一等，以知縣分發江西，署石城、興安、新淦、東鄉、德安。每到數十日，輒移。最後，乃借補臨川縣縣丞，旋實補上高縣知縣。其閒，買硝河南者一，解獲罪官兵部者一，充鄉試同考官一，乃以他縣事，連劾罷歸。歸六年，卒。此君生平所歷之大略也。娶於侯，封孺人，先君卒。子三：松鶴，生員，於父之軼事，泯無所述，而病死。庶子臯鶴，生於江西，十餘歲而孤矣！又喪母。率其弟晴鶴，皆讀書。是申亭有子矣！乃稽顙哭，請余文以表其父墓。

嗚呼！維我先友，内行修而外行和，歷官未久，惠愛流沛。循聲揚播，民莫不禱頌而求其來，莫不歌哭而恨其去。上高多山，有不宜稼者，乃分其桐子，教其種桐樹，成而利甚於稼，民賴之，呼爲淩君樹。訟獄立剖於一言，案牘不宿於五日。姦吏褫魂，良民銘腑。諸牧令每見，開府曰：

『諸君能如淩上高者乎？吾無憂矣！』其爲政不必有喧赫神奇之跡，而田閒鞭牛而謳，皆頌聲也。其歸也，柴門茅屋，不改其舊，野服戴笠人不知其爲令尹也。其生於雍正二年九月二十五日，卒於乾隆四十九年二月十三日。於明年某月日，葬於其先塋之次，孫培文、藴文，松鶴之子也。

胡守備墓表

胡君諱憲章，字從周，西華之夏亭人。六世祖嘉棟，明監軍，遼陽道僉事。五傳而至君之父可觀，生三子，君其仲也。君中武舉，念親老，不試，於兵部考得守備，又不謁選。年五十七，遽卒，無子，以從子模楷之子生員省蘭爲後。君凡三娶，皆李氏，例稱宜人，生三女。省蘭有子，曰效曾，其婚字皆名族。初，余與君同隸於學宫，一見，即相親也。君身長七尺，顧盼煒如。爲人伉爽有氣，不爲小謹，視一切齷齪嚅唲，不屑蹋之以韡也。嘗顧余而歎曰：『人固難知。君弱不勝衣，人徒知君文，豈知君之武哉！君即爲吏，盜久於外者。歸哉！歸哉！與我騎生馬，拓硬弓，射虎於南山前耳！』余笑而弗答，中未始不怦怦也。今余萬里歸來，不見君一踐此言，而所見大都不似君之在時。嗚呼！君殁忽已十餘年，吾安得不益思君？今乃以表君墓，銘曰：

矯矯從周，中外皆敦。行無不坦，力無不殫。情摯誼切，款款拳拳。排難解紛，饑不及餐。援躓詰宄，若縱欲然。狡兔遁影，妖鳥褫魂。狐來試媚，嗥焉而奔。今不似昔，念君之存。喬木蕭森，君之故里。呼之欲出，其心不死。銘君之墓，寫君之真。讀者徘徊，如見其人。

張文學室南烈女合葬墓誌銘

文學張于森，年少而夭，其室南氏從之死。于森之弟，太學生于桐，哀其兄之不禄，而念南氏之死爲最烈，心誠有所不忍泯没者，以余爲同姓，知之稔。於其葬也，謁余請銘。

于森字向午，西華河莊人。少孤，依祖而活。年十餘，補諸生，一切時文帖括若不屑者，而獨肆力於經傳、諸史。爲人疏略不羈，鄉里頗以狂生目之。然有至性，懇懇然，可付以事。顧多病，遭祖喪，嘔血，竟不起，時年二十有七。南氏者，故儒家女，歸于森，敬戒無失禮，痛其不及事翁姑也，事祖翁、祖姑，稱孝謹焉。于森殁，既殮，成服三日矣，不一餐，顔色大異。其姒强之食，乃曰：『嗟乎！姒知我夫亡，何活？已吞藥，旦夕死矣！顧吾夫無子，惟叔姒賢，幸以子嗣吾夫，更累叔姒善教之。』言已，再拜，泣數行下。其姒驚啼，前持之，而呼家人奔救，則已死，時爲乾隆二十四年十月丙午，去于森之死日辛丑六日，年二十有七，蓋與于森生同年，死同月云。于桐以其子拱辰嗣于森，如南氏言。於是有司旌其門曰：『烈女。』以明年二月甲午，合葬於其先塋之次。銘曰：

有茁其蘭，嚴霜何速。結髮之恩，疇云不篤。河莊之張，世蔚其祥。奕奕文學，於族有光。長轡未騁，急景摧藏。窈窕令室，呼天何望。令室曰南，出自儒宗。端莊而婉，姆教聽從。乃結其褵，乃修其儀。其儀祁祁，中壼之師。今夕何夕，天風大寒。故衣在桁，新鬼倏遄。日月之行，晨夕必逮。井水不流，藁砧其待。去矣莫延，延斯我罪。一丸在手，妾生何每。敬拜姒氏，泣血沾襦。乞而君雛，爲我君孤。言已而絶，魂不可呼。三黨奔走，驚告瞿瞿。問之有司，有司曰都。號曰烈女，特表其閭。仲春二月，芳草紛敷。同穴以窆，式慰幽途。金銷石枯，我銘不渝。

李母常太孺人墓誌銘

孺人姓常氏，河南盧氏人，縣學生諱士傑之子，李府君諱果之元配也。生而莊淑，年十七，歸於李。李、常皆儒家，常富而李貧。人每慮其不慣爲貧家婦，而孺人甘於糟糠，日操井臼，夜無燭而紡。事翁姑，得其歡心；甘旨之費，罄其奩具。迨喪葬，皆如禮。及李府君卒，而孺人年五十七矣！有三子婦，而中饋勤劬，不自休逸，曰：『婦人事也。』又數年，而子名揚爲令，孺人教之曰：『爲民父母，以養以教，不以刑也。民不幸犯法，止於笞十；怒乘之，則加笞二十。不二十，則意若有未快者。夫固未有父母以撻其子爲快者也。』又曰：『汝憶汝小時以歲朝索新衣不得，而啼不已乎？昔者汝父嘗躬耕，未嘗以絲粒干人。汝叔父讀書於郙南荒寺，往往食不得飽；盛夏行赤日中，不得笠，反袂蓋頂。汝不可不念也。吾家，故貧家也，汝無爲因官而富也。』名揚爲令二年而罷，孺人無幾微見顔色，曰：『吾固安之。』乃以乾隆四十三年八月二十四日，以壽終，距生於康熙四十六年四月初八日，享年七十有二。子三：長名世，監生，早殁，娶陳氏，繼莫氏；次名揚，乾隆癸未進士，潁州蒙城知縣，娶孫氏；次名耀，娶李氏，繼杜氏。孫男六，孫女三，婚字皆名族。名揚與余同舉於鄉，爲兄弟交，知孺人蓋詳。一日，持其所爲狀，再拜請曰：『今以乾隆四十六年十一月三日祔葬先孺人於先府君之兆，惟君言信，敢請銘。』嗚呼！其曷敢辭？銘曰：

嗚呼婦則，令母則慈。銘以質慰，孝思諗來茲。

胡覲光墓誌銘

嗚呼！吾友胡覲光之病也，日望其起，而竟以殁。今越期矣，孝子祖望遠來，哭拜於余，曰：『葬有日矣，先生許爲銘，敢申其請。』憶余視覲光病，維時已不能言，視余淚涔涔下，以指畫衽，乞銘我墓。嗚呼！曷忍忘？

君諱翔陛，字覲光。高祖其智，蘇州協副將；曾祖夢熊，武舉第一；祖漢，縣文學；父蘊和，所稱筠溪先生者也。筠溪三子：君爲長，娶於張；一子即祖望，監生，娶於李；一女歸監生趙某。君生於雍正七年四月壬辰，卒於乾隆五十有四年八月戊辰，年六十有一。明年十一月甲辰，葬於筠溪先生墓次。君爲人内慤外朗，敦内行而飭外履。其事親也，疾，焚疏於神，以年移親。其居喪也，三年不脱衰而寢。凡所爲葬與祭，兢兢於禮，未嘗一問他事也。勇於爲人，往往格而不遂，氣不申而自恨，遂以病。急於起，病益甚，遂至於殁。

嗚呼！余與君總角相兄弟，一日不見，輒相尋也。一别數年，契闊相思。忽而來訃，寢門之哭，慟可知也。今葬矣，將何以致於君！嗚呼！其所望於煢煢孝子者爲何如也。乃銘曰：

是誰之墓，墓新人故。茫茫泉路，我銘是顧，千秋旦暮。

孝廉于先生墓誌銘

先生姓于氏，諱藎臣，字子忠，西華下堤人也。下堤之于，尚勇健，好騎射，往往秉節旄爲大帥。田園狗馬音樂之盛，甲於一縣。而先生獨用儒而貧。

先生幼讀書，敏且勤，長而益博，在鄉黨，恂恂退謙，無賢愚，必以貌。故内雖岸然自異，而人人皆得與先生親。性介而好施，嘗數日不舉火。自非其子弟門人餽之，弗受也。嘗有十金爲盜攫去，久不得。會縣有公事，令與縉紳畢會。令語先生曰：『盜金者獲矣，金具在。』即奉金於座。先生曰：『吾久愧貧，不能襄公事。今聞修縣志，願以此助筆札之資。』令大驚，堂下吏相與竊笑曰：『老人又不欲其家舉火矣！』初，先生於雍正二年舉於鄉，至今三十餘年。先生之同舉有列官至九卿，即最次亦爲州縣校官，而先生竟以窮餓終。先生生於康熙某年月日，卒於乾隆某年月日，年若干。配某氏，子凌雲。以乾隆二十五年某月甲子葬於某里某原，其門人來謁余銘，曰：『先生之遺言也。』銘曰：

内振振焉，而遭何薄也？吏則必廉，信綽綽也；　於社而祀焉，云胡怍也。

漁莊先生墓誌銘

漁莊先生，張氏，諱登邦，初名遠意，字道應，漁莊其自號，先府君諱華之子也。世爲河南西華人。以乾隆五十一年秋七月十一日壬子，卒於正陽官署，其弟時爲正陽教諭。踰月，遠覽奉柩歸。冬十二月二十八日丁卯，葬於斧柯先塋之次，爲誌且銘。

先生爲人性坦而介，内敦篤而外豪曠，一切世好，皆若不知。視聲利、權勢，若土苴惡酒。不見富貴者，曰：『氣若薰人。』而獨愛才若饑渴。急人之難，不避利害。脱粟敝緼，動揮千金。面折人過，人久而皆服，曰：『非漁莊，誰肯爲此？』好爲詩，成輒棄去，存者才一卷。先生之於其弟也，篤愛靡不至，若不自覺其然。而其弟無所肖似，仰賴其兄，渾渾然，方且若不知其所以爲也，蓋兄弟猶如八九歲時，忽已數十年。嗚呼哀哉！豈其夢耶？吾兄殁矣！先生生於康熙五十五年九月十五日，至是年，七十有一。夫人季氏，潞安府知府進德子。今祔側室二人，皆趙氏，各有子，皆殤，亦從葬。今以弟遠覽之子居庶爲先生子。女一，歸監生孔毓墀先生。蓋嘗爲國子監生，考授州判，非其好也。嘗曰：『異日我銘旌墓誌，但題曰「漁莊先生」，勿他書。』今謹從之。銘曰：

漁莊先生，呼不我應，我何以爲吾兄之銘？嗚呼哀哉！是爲漁莊先生之墓，保千秋以永盜。吾兄有靈，我銘是徵。

賀封翁墓誌銘

蓋余至汝南，獲交於進士賀君祥，而士大夫多稱賀太公云。賀太公者，即所謂任亭先生者也。先生殁，而葬有日矣！孝子祥衰絰來請銘。

謹按狀：先生諱輔，字定一，任亭其號，世爲河南正陽人。曾祖燦，祖瑄，父天佑，皆有隱德。先生性質重，讀書日不過百字，輒不忘。嘗夜讀，倦欲睡，輒自揪其鬢髮，呼曰：『輔！汝仍倦否？』其自攻苦如此。事父母，既長，如孺子。晝耕夜讀，以養。居喪，能如禮。年四十，補縣學生員。不科舉，以子貴得封。教子嚴，家人無嘻笑聲。貧而好施。歲飢，家人典衣糴米二升，聞鄰有飢而號者，即以予之。家人曰：『如明日飢何？』曰：『我見今日人之飢，未見明日我之飢也。』嘗自言曰：『讀聖賢書，即不能便是聖賢，要使心目中，時時有聖賢在。』嘗語諸子曰：『汝等雖長大，吾視之猶如在繦褓間。以吾在父母前，自視常如在繦褓間也。』先生生於康熙五十八年三月己巳，卒於乾隆五十四年十一月己丑，年七十有一。配王氏，繼董氏。子四：吉，太學生；祥，舉進士，選嘉魚縣知縣；翰，增廣生；祿。孫五，女孫六，娶聘皆名族。以乾隆五十五年葬先生於其先塋之次。余何足以知先生？其子吾友也，又何敢云不知？乃爲銘曰：

嶽嶽者匪以爵而尊，麻衣之濯兮何淄以塵。嗚呼！是爲任亭先生之墳。

爲山先生墓誌銘

爲山先生，諱安辯，字巽行，姓周氏。以故姓楊氏，其故未能詳也。而子孫，則仍周氏云。曾祖進民，祖成美，俱不仕。父聖化，用進士爲秦州知州。先生，秦州之第三子也。世爲河南祥符人。秦州罷官，羈於秦，留其二子侍，以先生就婚於西華王氏，且謀所以白其事。而秦州卒於秦，先生號呼於人，求所以歸其喪者。越十有九年，乃克奉秦州之柩，葬於西華，而先生遂爲西華人。

先生於書無所不讀。少年慷慨談天下事，若皆當之無難者。既遭家難，貧無立錐之地，忍饑奔走，幾遍天下。涉山川之崎嶇，閲人情之變幻，悲愕侘傺，生死無聊，而獨好讀書，則益甚。窺其門，蓬蒿蓊翳，若無人居。顧有友五人爲最親。五人者，先君子暨張先生文齡、胡先生瀞、王先生隆照、錢先生廷文也。晚年學易，究性命之學，其大旨一主於敬。性樂道人之善，汲引後進，惟恐不及。雖不敏如遠覽，其所以拂拭而奬借之者，蓋不恆也。朝廷嘗召試博學鴻詞之士，當事者以先生名奏，以疾固辭。乃於乾隆十一年六月丁卯，以歲貢生卒於家，距生於康熙十八年正月乙丑，年六十有九。所著有《瓢斟集》二卷，《隴西漫記》二卷，《西華志》四卷，《易説》二卷。蓋余嘗次先生之行事而爲之傳，可以信於世矣！今之爲志，但著其大略如此。於乾隆三十一年冬十月甲寅，葬先生於道陵岡之新阡，配王孺人祔焉。王孺人者，諱肇煌，整飭陝西凉莊道布政司參議王公光奭之子也。曾祖鼎鎮，明尚寶卿；祖遵訓，户部侍郎。孺人幼讀書學禮，好勤苦如貧家女。爲山先生以顛沛依其家。成禮後，脱簪釧，衣大布，委曲將順，惟恐傷其意。迨後僦屋而居，不蔽風雨，日恆一餐，人不堪其憂，而孺人曾無幾微見於顔色，事先生禮益恭。撫側室，栗恩益篤。初，凉莊公令渭源時，胡恭人夙善病。孺人年十二，幹理家事，内外禀諮，鉅細井然。凉莊公以參議被論，倉皇對簿，胡恭人驚惶病劇，是時孺人年二十，侍恭人歸。家人百口，道中多染疫，孺人日夜侍恭人湯藥，伺寒燠，目不睫；且逮及家人，無不周遍。閒關數千里，百口賴孺人以活。然而孺人固善病。孺人生於康熙二十二年九月辛巳，卒於乾隆七年七月己巳，年六十。

孺人生當貴盛，長實無一日之歡。夫家、母家，俱遭患難，離析分崩；父母翁姑，遞丁大故。一弟入獄，一弟戍邊，窈窕愛女，未行而夭。嗚呼！此所以憔悴而終矣！子仲遠，舉人，娶王氏。孫二：穆敦、明敦；女孫三。仲遠以乾隆三十一年三月殁於京師。蓋仲遠無日不圖所以葬其親，而今匍匐而承大事者，乃在其寡婦孤兒。嗚呼！乃爲銘曰：

野草茫茫道陵路，哲人既萎於斯厝，斯爲爲山先生墓。

縣文學竹亭胡府君墓表

君諱光勳，字載竹，胡府君諱文極之第四子也。胡府君與先府君爲同年友，兩家諸子，皆相兄弟。君兄弟六人，曰光照，曰光禧，皆生員；曰希聖，拔貢生，嵩縣教諭；次即君；次曰光煦，副榜貢生；次曰光美，甯陵訓導。而君最先殁。

君性篤謹，力於學，補增廣生員，有聲庠序間。事親友兄弟，讀書制行，於世俗紛靡，一無所染，獨好學書。見古法帖碑版，窮力撫摹，不知疲。余嘗夏午過之，方閉户作書，汗浹衣弗顧。余笑曰：『炎蒸如此，何太自苦？』君咈然曰：『凡事不爲則已，爲之則盡心力。盡心力，則不知其苦。且書者，心畫也。心正則筆正。爲書，即治心之端。』余改容謝之。蓋余兄弟七人，當君兄弟俱在時，余則惟得事吾兄漁莊一人。每見君羣兄弟，隨肩攜手，歎羨不已。吾兄嘗語余：『胡家兄弟何福！皆無恙，濟濟何其歡！吾則惟與吾弟二人。兄弟五人，皆何往乎？』因相持而泣。君適來，問何泣，語之，君亦泣也。君與余兄皆行四，余嘗呼余兄『四哥』，而君輒應之。今回首此景，何可再得？表君墓而憶及此，曷能不心痛而淚湧也！君卒於乾隆二十五年九月初六日，年五十四歲。配劉氏。子二[一]：學思、景濂，俱廩生。卜年，景濂出，後於其從父。孫應霖、應雯。乃爲銘曰：

人有不朽，身豈長留？歾營一抔，依先人之邱。兄弟相偕，共此松楸。後人敬哉，此銘是諏。

【校勘記】

〔一〕二：底本作『三』。今據其義，疑是『二』字。

張府君墓表

嗚呼！是爲張氏台鑑府君之墓。我張氏始遷之四世，始分五房：二房遷於流渠，五世而至縣丞公文德，有子三人，長即府君。於喜岡築室定居，歾即葬於是，是爲喜岡之阡。

府君諱師載，字台鑑，爲太學生。生於康熙十二年三月十八日，卒於乾隆五年十月初九日，年六十有八。老成典型，望重州黨。配章氏，年二十八卒；繼配章氏，後府君五年卒，年六十有九。子二：克恭、長明。克恭年二十三，殇；娶胡氏，有德而貞，年七十有六乃卒。長明，字孔照，質直慷慨，言信而行坦，爲太學生，非其好也。生於康熙五十四年十一月二十八日，卒於嘉慶元年九月初七日，年八十有二，平生未嘗有疾云。娶康氏，爲吾族賢婦之最，生於康熙五十五年五月二十一日，卒於嘉慶五年二月二十三日，年八十有五。子六：居隱、居維、居儉、居莊、居廉、居超，俱太學生。居隱字菊存，年四十七殇，娶李氏；子二，惇、悉。居莊字敬存，年五十一殇，娶胡氏；子惕，貢生。葬俱從其祖父之兆。居維出爲克恭後，子四：恆、愫、意、慣。居儉子性；居廉，子三：□，太學生；怙、慍。居超子五：忠、恕、慎、憲、肅。府君之元孫九人：尚時、尚捷，恆之子；尚智，愫之子；尚孝，慣之子；尚業、尚果、尚顯，惇之子；尚修、尚齋，□之子。乃刻石以表，爰係以銘，曰：

城南十里，土厚泉清。是爲喜岡，張氏所營。是廬是塋，子孫是憑。或士或農，素業勿更。先德是念，念是兢兢。瞻兹先隴，勿墜厥聲。視我斯銘，後人其興。

縣學生胡詣安墓表

嘉慶六年十月朔，從游胡生應雯來拜且泣，請表其祖父之墓。余既爲表載竹先生墓，而又表詣安。

詣安諱學思，載竹先生之子也。幼恂愨，好讀書爲文，攻舉業，無外習。爲諸生食餼，試輒高等。鄉試輒罷，未嘗尤主司，而亦無悔於其學。其爲文也，當其搆思，披雲泳淵，一切都忘。嘗冬日入城，人見其不冠，訝而笑，始覺曰：『豈晨起忘戴邪？』歸索之。有人持冠來迎，謂曰：『秀才冠歟？』蓋方爲文，且行且思，低首行吟路中，風來吹去，不覺也。其用心之專如此。其爲人和易，而方規規修士行。緬高會之矩矱，襲祖考之章縫。乃不得一第，心力瘁於讀書。攻苦成疾，歲甫及貢而殁，年六十三歲。配高氏。其叔父廩生希思者，性方介，爲文語必己出，不屑一切，時人未有識者，君見而心折之，亟稱於余。余以是歎君知人。君子應霖，次即應雯，有父風。

銘曰：

是爲胡君詣安之墓，依於其父。其墓孔固，爲表且銘，以慰孝子之慕。

桐岡存稿卷第五　文五

柳圃先生墓誌銘

嗚呼，柳圃先生歿矣！其先出於吴越王鏐。至明，有蘇州世襲指揮使諱福之子，曰龍，遷於陳之柳林。柳林之錢，以武功顯，專閫開府者相望，而先生特以文學聞。

先生諱廷文，字樸安，柳圃者自署其圃，而學者遂以是稱之。曾祖萬選，武進士，潁川衛守備；祖如淮，生員；父桓，母曰胡夫人。胡夫人生先生六日而歿。三歲，繼母趙又歿。六歲，遭父喪。祖母張夫人鞠之。孩提在衰絰哭踴之中，即吉，就學，有奇童之目。年十八，以所爲文謁先君子，先君子大稱之。維時澄波、可庭、爲山諸先生，皆大雅，無不折行輩與交，先生皆師事之。益購書，日夜讀，忘寢食，而學成矣！以增廣生充貢，三舉不中，遂不上。爲人外和而内介，視世俗一切歆羡震驚者，蔑如也。然不爲矯亢之行，屢遭横逆，坦然處之。久之，其人至於愧且死，曰：『錢樸安好人，天性尤至。』少時，其外祖謂其貌似母，每引鏡，未嘗不泣。祖母喪，毁甚，幾不起。除服，猶泣血如初喪。有兩弟，廷端、廷炎，皆庶母唐君出，友愛敦篤，於唐君恩禮甚備。兩弟相繼歿，久而猶痛。與人交，真意懇拳，始終如一。行修文備，學者宗之。晚年從遊日衆，柳林僦屋至不可容。郡邑知名之士，大率皆柳圃先生弟子也。先生生於康熙四十五年六月甲辰，卒於乾隆四十三年正月辛卯，年七十有三。以乾隆四十八年二月甲戌，葬於祖塋之次。有文集六卷，别集四卷。夫人劉氏，陳州營守備進忠子，曾割臂肉以愈祖姑疾，先卒於乾隆七年十二月甲辰。生子有彭、福，隨俱夭。今夫人萬氏，賢而有文，生一女；側室狄，生子有常，年十六矣，又俱夭。他姬曰劉、曰褚、曰郭，又皆不育。今以廷端之子監生有任、廷炎之子監生有政爲之子。而有政又死，承大事者，有任也。女一，適監生胡畬年。孫時和、時望、時徵；女孫三，婚字皆名族。迺爲銘曰：

陳有君子，曰惟柳圃。今也則亡，求之於古。河英嶽靈，玉立霞舉。尋典研《墳》，迅機怒弩。天風海濤，鯨鏗鳳舞。光則炎炎，聲則淵淵。惟解乃愛，愛之斯傳。其傳不朽，其遇實窮。不以爲窮，適見其通。辟柏與松，霰雪其霿。棘翳蜉撼，匪傷伊葱。滋蘭樹蕙，駕虬馳龍。如山如斗，如雨時濛。瞻木維喬，若斧忽封。後之過者，欽此清風。我爲君銘，君聽其聰。

文介先生楊君墓誌銘

易名，周禮也，然而生無爵，死無謚。蓋謚必係爵以爲稱，雖以孔子之聖，苟無爵，弗謚也。

乃亦往往有爲私謚者，黔婁謚康，柳下謚惠是已。然所稱即無爵可係，而後世如陳太邱之爲文範先生也，陶元亮之爲靖節徵士也，到於今稱之。於是鄉人之謚其鄉先生，學者相與謚其師，亦所以致其不容已之情，而遂因以得謚焉爲榮。

文介先生姓楊氏，諱綱，字振三，河南葉人也。爲人性樸而意孤。家故貧，好讀書，嚴於身而矜於物。雍正七年，舉於鄉。明年，試不第，即絶意，而大肆力於學，曰：『途在是矣！』爲文章，必歸於理，不苟作。言語訥訥，似不能及。遇事有不可，人皆唯阿，不發則必齦齦然，盡力爭之而不可撓。其授徒所得金，先振其族，次即傾以買書畫讀，夜思老而彌勤。居恆聞某賢，即崛然起，整衣冠，趨詣而正。其所學見賢焉，即折節下之，恭敬終身，不少衰。年七十三，卒。卒時，諄諄屬子弟以修身慎行、不辱其先，無一語及他。時乾隆二十年十一月十三日也。先生朝砥夕礪，兢兢自完，雖聲名蔚然，曾不得邀一命於朝，以貧賤終，然而固未嘗求之也。使求之而得，則所以讀聖賢書、而修士大夫之行者，未必遂賢。於今之所就，況得不得又誠不可必，而固已殉不貲之身，誤不朽之業，所失尚堪計乎？故一求弗得，即決然舍去，蓋彼方汲汲有所求，而奚暇彼之求之也哉！黜乎此則厭乎彼，理勢然也。於是學者相與謚曰『文介先生』。葉之人無閒言者。夫勤學好問，文之基也；不忮不求，介之本也。嗚呼！士生今日，伏處草莽，衣疏布，食脱粟，劬而得所以易其名者如此，可不謂之榮焉？

魯山王君夢艮，先生之門人也，蓋有不忍疢其師者，不憚遠而求余銘其墓。余銘何足以傳先生，庶有以慰王君。至其世系子孫，暨所爲文章，令弟編所爲狀詳矣！銘曰：

布衣之潸兮不可淄以泥，嶢嶢兮其必有以自支。鼓琴瑟兮窈窕，芳余佩兮寤寐。瞿瞿滄海爲田兮石無移，我颺令徽兮葉人是稽。

故孝廉周君墓誌銘

乾隆三十有一年春三月甲戌，西華舉人周君卒於京師廣甯門之外。其師若友及河南士大夫之在京者，皆哭而賻之。同縣張遠覽以其喪歸。五月乙亥，歸其家。蓋周君之父爲山先生、母王孺人兩喪猶未葬也。至是，其家將以十月甲寅，以周君之柩從兩大人窆於道陵岡之新阡。先期，其夫人衰絰，攜其二孤，登余門而請曰：『先舅、先姑、先夫葬有日矣，兩大人幽宫之銘，先夫曾請於先生而許之矣！今謹以先夫之所爲狀來，敢申其請。』遂率其二孤稽顙，既而又稽顙曰：『先夫辱與先生友。先生既二千里攜其喪歸，今其墓闃然，無所志，奈何？用是冒昧以再請。先夫生平行事，未亡人亦不敢有所云，惟先生哀而並許之，死且不朽！』嗚呼！余於是既銘爲山先生之墓，而又以銘周君。

君諱仲遠，字恆山，爲山先生安辯之子也。君生而貧，然即知奮發。性聰敏，而健於事。甫勝衣，見鄉先生，無不稱歎，以遠大期之。年二十，與余同受學於胡先生。胡先生歿，又同受學於徐先生。兩先生蓋鮮許人，而獨於吾兩人稱之不置口，然周君固過余遠甚。丁内外艱，皆以貧不克葬，而貧益以奇。歲癸酉，選貢於京師，即以是年中鄉試。至是十四年，會試者凡六，其閒北走碣石，西度隴，東抵海，南浮江，至長沙，公卿大夫以及遠近知名之士，莫不知河南有周恆山，而總無毫末有益於其貧者。而今卒矣，距其生爲康熙六十年閏六月癸未，得年四十有六。夫人王氏，州同知晥女。子二：穆敦、明敦；女三。王夫人能勤苦，知大體。夫周君容有絲粟之貽，其妻子者乃能葬其二十餘年未葬之親，並葬其夫。其後之成其家而教其孤者，抑必有以也。銘曰：

有志莫遂天難呼，葬從父母魂猶孺，我之銘君與淚俱。

文學張東山先生墓誌銘

先生姓張氏，諱朝陽，字東山，西華人。蓋西華張氏之最著者二：曰斧柯者，吾宗也；其一曰河莊，其先俱遷自山西之洪峒。而講伯叔兄弟之好者，百有餘年。簪纓之望，世德之承，喬木蕭森，互相陰映。先生，河莊人也。祖鳳翼，康熙四十七年舉人，父慎行，不仕。先生二十而孤，無兄弟，事父母以孝聞。故大家子，顧脱然無驕貴習。衣大布，食脱粟，有單門陋巷之所難堪，而先生非此不安，蓋其天性淡泊如此。然好行義。乾隆二十二年，河南饑，乃推所蓄以施其鄉，活者甚衆。嘗買一婢，未幾，有人至門曰：『其妻也，願以金爲贖。』先生即出婢還之，曰：『夫婦遂矣，安用金也！』族孫政敏孤貧，幾不活。先生提攜教誨，俾補諸生。政敏爲人言之，未嘗不泣下也。居嘗雖晏必肅，接人雖少賤必以貌。交人重氣誼，雖久彌篤。故人皆知敬先生，而先生魁然爲鄉黨耆宿，且三十年。乃於乾隆二十四年正月日，卒於家，年七十有九。以明年二月甲午，葬於先塋之次。配屈氏，武舉振之女，治家有法。子四：大襄，早夭；六韻，娶謝氏；六書，娶胡氏。俱先先生歿。四襄，殤。孫二：于森，生員，娶南氏；于桐，監生，娶趙氏。俱六書出。以于森後六韻。于森夭，南氏從之死。于桐以其子拱辰嗣于森，爲先生承重曾孫云。

嗚呼！先生少失怙長，有四子矣，相繼亡，二孫又夭。其長今衰絰而承大事者，乃在襁褓之中。人生骨肉之戚，至是而極矣！然識者固有以知其後之大也。乃爲銘曰：

瞿瞿有戒，而羣可偕也。老而彌壯，而晏莫諧也。修姱束羈兮行無乖。嗚呼！是余同姓之尊行兮，志且銘之，曷已於懷。

姚府君墓誌銘

嗚呼！我先舅氏靜子先生之卒，時余方在京師，未獲佐我中表兄弟哭視含斂。今葬有日矣，孝子克猷等衰絰稽顙，持其所爲狀，哭請余銘，且曰：『惟君爲宜。』嗚呼！豈惟孝子之言？曩者余從容侍坐，先生談笑之餘，熟視而歎曰：『他日者，子銘吾墓。』嗚呼！今其然矣。

先生姓姚氏，諱體仁，字靜子，號槐清。其先由山西沁水徙西華，至七世有諱光者，始爲臨潁人。光生禹城知縣諱德溥，禹城生修職郎諱應秀，修職生光州訓導諱重華，光州生二子：處士諱繗，縣丞諱紳。縣丞生贈公諱希禹，爲處士後，是爲余之外祖父。外祖父一子，即先生也。先生內孝而外廉，儀恭而意篤。少受經沈端恪公近思之門。沈公爲都御史時，語公卿於朝曰：『吾門生衆矣，求其行古之道，無如臨潁姚靜子。』歲庚子，巡撫河南，都御史楊公見其文，贊於僚屬曰：『姚生也，此科第一人矣！』乃試，輒報罷。丁外艱，已踰年，哀毀猶不勝。有匠者在人家析木爲輪，斧斤顛倒，不中其繩墨。人問：『奈何？』曰：『吾適過姚先生之門，聞方哭其父哀，至於不可聞。行十里，而其聲猶在，故操器不能由手耳！』因投斧斤而泣。其至性感人如此。歲乙卯，當鄉試，去家五十里。宿，忽心動曰：『我母其病邪？』即馳歸。我外祖母果病，數日而痊。明年，外祖母乃殁。先生有女兄弟四人，吾母，先生之仲兄也。家皆距遠。先生無寒暑風雨，歲必數至，至必遍四家，家必爲經理而後去。嘗主臨潁書院，負笈來者，館舍至不能容。臨潁之人文，從此遂盛，而先生巋然，爲郡邑文獻之宗者三十餘年。歲丙子，謁選得永甯縣儒學訓導。到官數日，慨然曰：『教官，微也，吾聞君子不以官微易其守。我但爲廉教官足矣！』越二年，即乞休，上官挽留之，同僚交相勸，且曰：『大中丞方列疏以薦先生，獨不可以少待？』先生曰：『吾來時，吾黄氏孀妹抆淚相送，吾與約二年相見，是固不可以一官負也。』遂歸。永甯人士遮道卧轍，至有痛哭者。人謂守令之去官，未嘗見如此也。歸六年，卒。其卒也，先未嘗病。前一夕，猶扶行林樾，藉草而坐，朗吟一詩。歸寢甚安。夜將辨色，卒矣！皆以爲奇。所著有《雲水居詩集》三卷，《雜文》一卷，《洛西吟》、《歸來吟》各一卷。嗚呼！蓋余甫能記憶，往來外家，歲無虚焉。外祖父已不及見，猶及見吾舅氏事外祖母云。外祖母寢疾，余隨吾母及我諸姨咸來視疾，竊見舅氏皇皇如失，汲汲如有所求而不獲。及殁，一切斂葬，莫不稱其知禮。吾母將歸家，與吾舅氏及諸姨相向而哭。余以童稚，牽舅衣而長號，此景猶如昨也。其後，吾舅氏來者，吾母其所以撫恤吾兄弟者備至。曩時學弄文墨，自以爲孩提之嬉戲，猥蒙嘉獎，每見輒喜動於顔。時有所質問，爲之剖微析芒，引繩批根，而隆謙謬愛，曲恕狂愚。凡有所誨，不自以爲言，必曰『疇昔吾聞於尊公者若是』。余方弱冠，呼必以字。歲己卯之冬，往省先生，先生時已失明，涕泗握余手，問吾母無恙。夜秉燭，食余於旁，問諸表弟，曰：『七哥瘦否？』漏三下，猶語不能休。嗚呼！余何以得此？余兄弟幼而孤，隨慈親而活。既無伯叔之親矣，其哀此鮮民者，惟外家是恃。爲子不肖，無可以爲堂上之歡。而罪大福薄，又不得復奉舅氏之誨，詎不痛夫！先生生於康熙三十二年十月四日，卒於乾隆二十八年四月六日，年七十有一。配趙孺人，繼配秦孺人，皆前卒。子八：克猷，附監生，趙孺人出；文起，縣學生；文在，增廣生；文遠、金甫、金章、文運，女一，皆側室于君出。孫六：長謀，克猷出；長印、長孺，克忠出；長能、必興，文起出；長發，文在出。女孫三：克猷出者二，文在出者一，婚字皆名族。今以卒之年十二月二日，葬先生於臨潁東先塋之次，以趙、秦兩孺人祔。乃爲銘曰：

我儀君子，厥美繽紛。内修其行，外燦其文。素心不滓，古道斯敦。典型在望，婁旐忽陳。窮冬大寒，荒路斜曛。素車白馬，會者孔殷。吾母之弟，何尊何親！瓊瑰未報，琴瑟長塵。昔陪春煦，今哭秋墳。以甥銘舅，辭與淚淪。懿彼嗣器，濯濯日新。此石不磷，用視來昆。

理太學墓誌銘

理君諱完璧，字懷一，西華人也。本姓李氏，蓋自明崇禎時，有副使曰寒石先生邕和者，恥與李自成同姓，曰：『吾姓本理也。』遂姓理氏。吾縣故多李，而理氏遂特聞。寒石有弟，曰安和生作楨。爲諸生，事親孝，遠近稱理孝子，君，孝子之子也。幼師事胡溯遠先生儆，爲高弟。及長，讓其産於從兄，好周急。於學者之貧不能振者，勉恤之如子弟。於是人人稱君長者。爲寒石先生起祠堂，搜輯其遺文刻之，又刻胡先生遺書。歲時，奠其墓，存問其後人，久而不衰。性慈和，然往往一言折狡猾之謀，鄉里賴以安。故於其卒也，莫不盡哀。君生於康熙三十二年八月二日，卒於乾隆三十一年五月九日，享年七十有三。嘗爲太學生。配胡孺人。生四子，曰百川、百通、山川；前側室劉氏生一子曰泗川。百通嬰痼疾。其四子皆諸生。女，九人；孫，十二人；孫女，七人；曾孫，三人。婚字皆名族。以乾隆三十二年三月二十一日，葬君於茅城之原先孝子墓之次。

余與理氏爲通家，余從叔又娶君之女，余得時時遊於理氏，好從君問前輩軼事。君亹亹爲余道之不倦，每歎息曰：『惜子不及見，今無是矣！』後圃有竹數千竿，古藤一本。君布袍草履，嘯傲其間，絶跡城市三十餘年。余至，則劚笋摘藤花爲飯。酒闌燈暈，笑語款款，時復動容相勉勖。其所以屬望余者甚至，而尤以余善病爲切切焉。嗚呼！余何以報君？今乃以銘君墓。銘曰：

寒石之澤，久而弗替。忠孝之門，門有孝子。孝思覃被，是生理君。理君所緬，前型不遠。善狀紛綸，里黨是則。有則弗忒，殉厝斯原。余銘不蝕，爲善務力，惟爾後昆。

胡太學墓誌銘

先生姓胡氏，諱崇修，字偉喬，世爲西華人。曾祖其智，明蘇州副將。祖思虞，增廣生員。父湄，貢生，生三子，先生其季也。少好讀書。長兄文極，學者所稱爲敬夫先生者，早卒；仲兄又失明。親老病，以家事委之。以故，遂不得竟其學。然而仰事俯育，其族黨稱述之，以爲學者未能先焉，視諸兄子如己子。一門衣冠之盛，甲於縣，先生之教也。性坦易，語惟恐傷人。而遇事，則善剖曲直。其族實繁，先生爲之息爭而講睦者，三十餘年。工畫山水，善鼓琴。晚年皆不復作，而留心於方書，曰不爲無益。先生生於康熙三十一年十一月丁卯，卒於乾隆三十四年十月丁巳，以太學生終於家。臨終，呼子孫扶之坐，屬以速葬，言朗朗然，曰：『去矣！』其神明不亂如此。配何孺人，繼楊孺人。子四：光燕、光霞、光被、光前。光燕早殁，無子，以先生兄子生員光勛之子生員景濂爲之子，承先生之重。女子二，女孫三，曾孫一，應殿，女曾孫一，婚字皆名族。今即以其年十一月乙酉葬於城南其先塋之域，以兩孺人祔，禮也。余於先生爲通家子，先生又命景濂從余學，景濂哭請銘，何得不銘？銘曰：

壽而康，時其逝。安可留？屬速葬。厥寢安，他何求？我爲銘，銘不誣，後是諏。

胡望溪墓誌銘

嗚呼！望溪殁而葬，其孤來，稽顙請銘其墓，曰：『亡父臨殁，屬請銘於夫子。且曰：昔者葬吾祖，夫子爲銘，今我乃弟子也。汝並不必爲狀，知弟莫若師，夫子必許我！』

嗚呼！望溪姓胡氏，諱景濂，望溪，字也。祖崇修，所稱偉喬先生，即余銘其墓者。子光燕，無子，以從子光勛之子景濂爲之後，即望溪也。望溪爲人小心謹畏，少無子弟之過，長慕敦篤之行。自期甚奢，而力恆退然，若不勝。顧篤於學，而尤好余之所爲文。余所爲文隨散去，不自收拾，而望溪每遇一篇，輒録而弆之。其搜羅校讐，不遺餘力。余文之足存與否不必論，而實賴望溪而存。嗚呼！余之所益於望溪者安在？而望溪懇懇於余者，即是可感也。

望溪生於乾隆三年十月丙戌，卒於嘉慶元年九月戊申，得年五十有九。以縣學生終。娶張氏，子二：應殿，娶於凌；應恭，娶於王；女子一，歸王九寬。明年四月丙子，葬望溪於其祖墓之左。嗚呼！余昔者銘其祖墓，今銘望溪，銘人墓三世矣！以此思余之於世也，不其亦久矣乎？乃爲銘曰：

嗚呼望溪，是爲其墓之銘，墓中人兮如生，我銘是徵。

王太學墓誌銘

王君諱廷覲，字君聘，一字輯五，世爲西華人。祖文學，諱吉士，生三子：長諱睿，歲貢生，學者所稱爲元哲先生者，出爲其世父；新野教諭，諱多士，後是實生君仲；諱有嚴，由開封生中己卯科副榜，以君爲之後焉。

君爲人循循樸訥，侍其親稱孝謹。弱冠，任家督，一門羣從，咸所稟咨，而君一語，惟恐傷之。

課耕織以供讀書，意歡如也。慕德敬齒，歲時修候鄉先生，執禮甚恭。胡丈紳及其弟孝廉丈瞿，粟帛膏薪，歲給以爲常。吾友周君仲遠時年少，才而貧，恆周其急。其甥李延基者，困於生計，呼之家衣食教誨，俾補諸生，又與之田數十畝。其行事類如此。乃於乾隆十一年十二月十四日，以太學生終於家，距生於康熙四十五年六月戊戌，得年四十有一。配陳氏，前歿；繼配李氏。子謙光，五歲而殤，以從弟生員圖炳之子旋源、從弟監生又昇之子武生清華，並爲之後。旋源娶劉氏，清華娶蘇氏。女子二：李氏出者，歸監生軒轅鶴；側室汪出者，歸生員陳華先。孫三：純修、慎修、巨槐。今於乾隆三十五年二月辛亥，葬君於其先塋之兆，以陳氏祔焉。旋源等之並爲君後。雖不逮養，而其葬君也敬，咨廣叩，汲汲焉，務求諸禮，其用心蓋亦難矣！其來請銘也，哀切懇篤，意有可感者。乃爲銘曰：

嗚呼！我與王君，西東其鄰。由來匪新，故悉其爲人。我銘其墳，君歿猶存。

李翼祺墓誌銘

君諱恩齡，字翼祺，姓李氏。李氏之族錯居於西華、商水二縣之間，君用西華籍，爲太學生云。其伯父生員，諱震旺，早卒，無子。伯母王孺人守志，以從子榮發爲後。繼又見君，甚愛之，因並以爲後焉。

曰：太學生諱震興者，君之生父也。君爲人質厚而不妄，家素饒，一切聲技狗馬，不挂於目；被服寛博，讀書鼓琴，終歲杜門不出。處廣坐中，終日不發一語。人初見君，或易視之，不則以爲難親。及其既久，則莫不曰李君善人。君寡交游，然賢如周君恆山、金君簡祕、丁君敏吉，其人不必皆同，君皆能友之。即迂嬾如余，亦日以益親，有所言，未嘗不念之也。嗚呼！君幼而失怙，又未嘗親歷貧賤之艱難，誘之者衆，其勢恐岌岌難以自淑，而卒能非禮不爲，矍矍乎其欲上，可爲難得。而今，則不幸殁矣！

君生於雍正六年正月二日，乾隆三十年，遭王孺人喪，經營葬事，既毁且瘁，遽殁於倚廬，時九月十三日，年才三十有九耳！君兩娶，皆婉娩有婦德。前程氏，龍延州知州欽章女，前君十五年於乾隆十六年八月十八日殁；繼張氏，余從叔太學生師軾女，後君三年於乾隆三十四年十一月十一日殁。子二：原出於程，娶白氏，贈文林郎賜功女；篤慶出於張，聘張氏太學生長明女。女三：長適生員胡瑛。孫一，縢。乃於乾隆三十七年十月己卯，葬君於靳家莊之新阡，以程、張兩孺人祔，禮也。原來請銘。銘曰：

嗚呼！彭耶？殤耶？善宜有償，而化則一也。我銘不誣，可質來者。

李彥平墓誌銘

嗚呼！彥平竟夭！

彥平姓李氏，諱原，余字之曰彥平，太學生恩齡之子也。生三年，而母程夫人卒；其繼母張夫人，余之從妹也。既於彥平慈，而彥平遂以孝聞。年十八，遭父喪，時方以危疾，昏不知人。後病稍愈，杖而起，哀痛幾於死者數。喪繼母，毀又甚於是，遂病。顧好讀書，而勤於善。弟篤慶，張出也。彥平友愛，無不至。篤於朋友，久而益親。先是，彥平從金簡祕、周恆山、丁敏吉三君學，三君皆稱之。又學於余之門人王耕畬，耕畬嘗謂余曰：『原也姿厚而心沈，是不易得。夫子幸有以教之，則其成也可必。』今年春，耕畬之京，彥平遂委其家事於篤慶，而來從余，其意拳拳，惟恐不得當。蓋其所欲得於余者甚奢，而余顧愧其無所裨於彥平也。乃一病百餘日，遂至於殁，時爲乾隆四十四年十月五日辛卯，得年三十有一。娶白氏，贈文林郎賜功女。子二：綿、緒。即於其年十一月四日，葬於其父墓之左。篤慶服衰來謁，曰：『吾兄之殁，同學二三子哭，無不失聲，相與謀曰：「是惟請夫子銘其墓，彥平雖死不死。」』嗚呼！何忍不銘？昔者彥平請銘其父墓，猶如昨日，而遽以銘彥平，安得不有餘悲？銘曰：

死已數，既不死，宜可淑。秋風暴，促春旭。我爲銘，聊當哭。

桐岡存稿卷第六

文六

遲章逢墓誌銘

君諱相儒，字章逢，姓遲氏，爲是縣著姓，不知其所自遷。至明，有亞中大夫周府儀賓曰灼。自儀賓至於君，七世無別子。曰友，君曾祖；曰文秀，生員，祖也；曰倫，考也，娶於王，是生君。年十四而孤，賴母夫人賢而健，提孤避難於城中。居六年，歸爲娶於朱。佳兒、佳婦，慈而能嚴。君乃成人，入太學，戀慕母，故不能卒業於學。顧未嘗廢書，而不應有司試，不一日違慈顏也。

君性篤而秉厚，善方術，醫人必愈，遇窶人不能藥，輒予之。歲凶，人執券借粟，與之粟而焚其券。人有竊其禾者，或以告，君曰：『無之。』有人爲衆逐毆，奔投於君，君匿之。逐者及門，欲得而甘心焉，君橫身當之，曰：『胡爲者？是吾友也。吾縱之。敢驚吾老母者，吾以血濺若。』衆皆曰：『爲遲君舍之。』皆唯而退。平生未嘗有疾。乾隆二十三年，中傷寒不汗，昏不省。而王夫人寢疾，戒家人勿驚君。而君則至一處，覩一切都不似人間，曰：『吾其死乎？奈吾母何？』母即在前，急前持而呼：『母何來？』母咤曰：『歸！』乃推之。是時家人方環哭，君躍起。奔母所，曰：『兒來矣！母何在？』而母微睇之而瞑矣！君號踴，撲而絶，絶而甦者三。乃大汗，竟不死，遂臻眉壽。嘉慶四年五月初三日，疾篤，不語，子孫皆侍，忽開目曰：『三綱五常，勉之！去矣！』遂殁。距生於雍正元年七月二十九日，年七十有七。配朱夫人，前卒。朱夫人爲君置簉室，曰孫君，婦德皆倣其姑。三子：欽出於朱，早殁，娶於趙守志大學士，韓城公題其門。灝，太學生；玢：皆出於孫。灝之子繼伯、繼善，以繼伯爲欽之後，爲君之承重孫，女子七，孫二，聘字皆具於狀。今以嘉慶年月日葬於西原，灝以狀來請銘，意誠而詞哀。於是爲銘，曰：

頎而黔，顴而髯，貌落落，而情拳拳。勇於爲人，而副以年。少而不隨，耄而不頹。我銘如見，君復何憾！

姚母于太孺人墓誌銘

太孺人姓于氏，河南臨潁人，歸於姚府君靜子先生。先是，姚府君元配趙孺人，繼室秦孺人，此稱太孺人者，以子例得封者也。

太孺人初歸，年十七，秦孺人一見，即稱贊於君姑田夫人，一切内事咸委之。乃退畏，一毫弗敢專，而獨操持勞苦事，以井井。遭田夫人、秦孺人之喪，哀踰於常。日久猶泣，隨府君之官永窒。府君廉，家人怪其淡泊，甚曰：『初不料官乃遠，不如在家。』曰：『是固然，何怪？若意以官爲喫飯計耶？』府君卒，痛不欲生。遇忌日，如初殁。歲時祀湘奠必誠，喪葬者三，婚嫁者九，經營未嘗言瘁。嘗謂諸子曰：『汝之家舊矣，自汝祖讓腴，居貧，荒村老屋，碓臼無聲，寒宵雨雪，燈火黯然。歲除夕，家人大小皆予錢，謂之壓歲。太夫人分錢至汝父，而無矣！汝父曰：「廩錢尚有百文在此。」於是母子皆笑。汝父辦甘旨，而潛忍飢，勤學慎行，以終其身。今汝等已爲無父人，勉之。能自立，不辱其先，吾死不恨。』諸子皆跪泣，曰：『不敢忘教。』諸子者，文起、文在、文遠、金甫、金章、文運也。學行皆有聲。文起成進士，母稱太孺人矣！未嘗幾微自尊於其舊。太孺人生於康熙五十一年三月初一日，卒於乾隆四十四年十一月二十九日。今以四十六年十一月初三日祔於姚府君之兆，趙、秦兩孺人之次。子孫婚字，皆具於狀。

嗚呼！維姚府君，先舅氏也。揮淚而銘舅氏之墓，十八年矣！今又以文起之請，而銘於太孺人。其詞曰：

命不猶，善受祉，必有以。分有定，執乎禮，宜令子。綿無已，銘視此。

董校尉生壙銘

人往往勇於治生，而諱言其終，惟通人不諱也，今董君乃能之。

董君者，本幽燕慷慨悲歌之士，恥爲齷齪細謹少年，自奮於功名。嘗從大將軍披堅執鋭於萬里沙場之外，僅得一官，旋又棄去。今年八十餘矣！無子，又不能去。將終，於是蓋未嘗治生，而談笑爲其終事自製一棺，歲月漆澤。於是此邦之人，諸生丁君惟湄、王君泗派，及其宗人某相與鳩材而爲之椁，終事所需一切備。司馬李君慶元東門之田百畝爲之墓田。乃共磨石，俾書其事。鄉貢士張遠覽爲之詞。

按：君諱秉衡，字撲叙，世爲河間清縣人。曾祖悟詩，沁州知州；祖纘緒，陝西廣武營游擊；父廷揚，龍門千總。君少業儒，涉獵書史。已而從軍，以功授奮武郎、南陽鎮千總，管西、扶二汎把總事，引病告休。在官，理而能得士心，民亦皆感其德，故士大夫莫不願與董君交。君生於某年月日，其終大則未可量也，乃爲銘曰：

孰能常存？壽已八秩。既不可歸，終此亦吉。我爲之銘，既質且信。君生見之，後來是審。

先妣姚太孺人行狀

先妣太孺人姓姚氏，世爲河南臨潁人。曾祖諱重華，光州訓導；祖諱粼，考諱希禹，廩生：俱贈修職郎。妣田氏，贈孺人。以康熙二十有七年春正月甲申太孺人生，年十七歸於我先考湄民府君。時先祖考孝廉府君已卒，事我先祖妣王太孺人，篤孝，先意承志，備得歡心。凡所蓄，纖悉皆謹收護而登記之。有所問，應手而得，尺帛不敢以自專。侍疾，則不食不寢，而不知瘁。佐先君，恭勤而有禮。初，太孺人爲我外祖父母所鍾愛，不勞以女工，先祖妣頗微詢何習，太孺人大愧，懼請以三月之期。乃無晝夜，殫力併習。比及期，而一切織組繡紃，以及酒醯烹飪書算之事，無一不悉且精。我祖妣驚歎，以爲奇，曰：『難爲哉新婦！』乾隆元年冬十有二月癸酉，先君卒。四年夏六月庚子，先祖妣卒，時不孝登邦、遠覽皆幼，太孺人經營喪葬，致哀盡禮，蓋有士大夫之所難者。爲遠覽延師讀書，督之不少寬。典衣供束脩，其饌必手調之。遠覽與同塾生聚談，偶及某似不得謂賢，太孺人聞之，怒曰：『孺子纔能言，而即竊議者邪？縱所言是，亦不可，況孺子又何知！』遠覽跪謝，後不敢乃已。補生員，乃謂曰：『學非在外不專。』命從師於陳越。四月歸省，問：『胡爲者？』曰：『念母甚。』曰：『吾切望汝之有成也，今乃以我故廢業邪！』立促之返，非有命不得歸。歲大饑，太孺人曰：『汝家素貧，何關於歲？吾所慣，弗用憂也。』有時得甘旨以進，曰：『吾方哀夫飢餓死者之多也。此一餐，可以活數人，吾不忍食也。』遠覽會試下第歸，私念無以慰母也而泣。太孺人曰：『此不足介介也。天下舉人遂登第者，可勝數乎？士患身不修，不患達不早。』後會試，念太孺人春秋高，與登邦謀不欲行，太孺人立促之，曰：『奈何以我故而處不出邪？行矣！得失有命，順以圖之，而不可强也，不辱爲大耳。吾心已隨汝而北矣！』以是每行皆用此戒之。家人夜坐，叙述平生，謂不孝等曰：『汝知汝家之艱難乎？我先姑二十四而寡，汝父八歲，汝姑七歲，内憂外患，如循環，跲蹶杌隉，幾不可生。我先姑苦節能貞，支持辛憊，人所不堪。汝父寒夜讀書，緼敝履穿，不爇炭，雞不鳴不已。吾猶憶汝父一日省外家未歸，汝姑適歸寧，雪深三尺許，無以炊，吾不敢使先姑知也。脱一釵，潛質於鄰婦，得米一升；錢三十，買一束柴，解束燃之，則冰也束一柴耳。乃以米易蒸餅，奉先姑，吾與汝姑潛相持而泣。汝姑爲貴家冢婦，賢且文。夫夭無子，遂以毁卒，未立其後。吾夢寐未忍忘，吾送吾母葬歸，經其墓，哭拜之，不覺失聲，樹二柳而去。今其家始以其夫弟之子嗣之矣！吾乃庶可以告先姑矣！汝父性嚴介，事母至孝，而於世疏，内期無愧於心，外不能徇乎俗。其行誼文章，吾不足以知之，然皆以爲是古人也，乃竟不得志以殁。今汝等又早孤，念之哉！一日不讀書，是忘汝父之篤於學也；一行之不慎，是忘汝父之爲君子也。吾爲張氏婦，無功於張氏，顧曲爲慈姑所恕，譴呵未嘗加。今吾不能如汝祖母之所以教汝父者之教汝也。然而汝家舊家也，貧與賤，其常也，吾願汝之無辱其先也。』不孝等泣受而敬書之。太孺人仁惠而謙儉。昔我姑之將歸也，資送之費，無所出，盡出妝籢以贈之。外戚王氏有子曰略，襁褓失母，先君使母之，撫愛如子，長爲娶妻，殁更爲娶，予之田宅器具僕婢，備而使家焉。先祖考妣、先君及外祖父母之諱，未嘗偶有誤觸者。遇忌日必哀，朔望必素食，肅衣裳，拜家祠，不聽扶掖。得新，必親薦。思所嗜，必涕泣。於族黨婦女，每有所教，必曰：『吾問諸先姑云。』族子若孫，已冠者必字而不名。與不孝等爲兄弟交者，登堂拜見，必答拜。女巫師足，不許入門。箴管鞶縷不離手，曰：『婦人職也。』以乾隆三十有二年冬十有二月庚辰卒，年八十。嗚呼哀哉！先一日始病，病二日而卒。卒之前三日，猶以女工教女孫也。

嗚呼哀哉！不孝等自先君見背，時登邦十九，遠覽九歲耳！賴我母而活，以迄於今。顧愚劣無似，弗能仰慰顔色，敬承訓誨，但竊竊自幸我慈親之康健，最爲人生智力之所難求，而倚恃恩慈，過蒙憐宥，方且如嬰兒之依於懷。乃忽從慈母之懷中，奪而推諸不測之淵，攀援號呼，而竟不一應。回思分甘絶少，癡笑頑啼，眞在天上。嗚呼哀哉！忍憶及天崩地坼之時哉！嗚呼哀哉！乃今是已。

太孺人生男子七，女子一，殤其五。第五男遠省最孝謹，年十五，又殤。今衰絰承事，惟有不孝登邦、遠覽二人耳！登邦，監生，娶季氏，潞安府知府諱進德子。遠覽，舉人，候選知縣，娶王氏監生諱啓褘子。孫一，居燮，遠覽出；女孫三。蓋男女孫前後且十人，旋失其六。今登邦五十，尚無子，太孺人年臻上壽，未見曾孫。數十年婚嫁之憂，兒女之淚，累慈懷者多矣！今以乾隆三十有三年冬十月乙卯，奉太孺人之柩，祔於先君斧柯之兆。登邦等搶地呼天，崩摧慘毒，慟惟我先太孺人之德，曾不獲生受錫命之褒，爲子不孝，又不能稍致其表揚。竊聞先民論誌，墓非古，謂與其掩諸幽，曷若揭於明？故弗敢圖。今謹哭而述其大略如此者，將籲於當代大人先生，采而表諸墓左之石，俾以信今而傳後。嗚呼哀哉！昊天昊天，恩豈有極？慟豈有極？謹狀。

祭程觀察文

嗚呼！哭殉而哀，惟舊之視。儻昧生平，未托知己。云胡而哀，至於如此？山有喬木，何必桑梓？而況我公，東南鍾美；不知公者，視公之子。公子我侯，此邦是理。不自曰賢，遵親之旨。我侯之來，辭公於庭。公曰：『嗟乎！勉哉爾行！維民維我，天生地成。虐非有心，政慮不平。我去一欲，民獲一生。赤子何罪，患我不誠。』國恩深重，我則林坰。爾之初試，天視明明。我有夢寐，惟爾所寍。侯拜書紳，欲出徘徊。親生七十，忽違天涯。迫於嚴命，是戒是催。潛滋清淚，勉强而來。身勞簿領，魂遶庭幃。行行切念，中州孔佳。春日融和，安輿可偕。詎意不弔，拊擗崩摧。公擢進士，司農是屬。臺擢御史，一麾出牧。其牧維何，岱荒濟沃。近聖之居，勵士以學。時當鄉舉，忽有謠諑。士將罷試，其何能淑？公以理諭，推誠置腹。衆感下泣，曰：『維公約。』又有姦民，欲陷鄉曲。以無作有，白蓮是録。録名千人，將興大獄。公曰『無然』，燒其簿牘。已而果然，千人再育。乃陟監司，大河是督。值水秋溢，捲埽而築。載築載沈，官吏觳觫。涼風如刀，濁浪如屋。鼉狠鯨驕，掀鬐噴瀑。公曰『我在』，服其命服。立於埽上，厥埽矗矗。大呼曰『下』，功成翕倏。瓠子安流，桃花穩洑。未幾左遷，五馬隨車。世非賈傅，亦到長沙。旋攝觀察，政簡風遐。德洽笙簧，惠浹桑麻。雀無穿屋，豕豈獖牙？文翁有祠，韋丹有碑。既丁内艱，遂蠲魚鼈。年才五十，車懸不馳。含經味道，朝斯夕斯。析理毫芒，刻意銘肌。宅無半畝，豆落爲萁。日或不炊，恬然而怡。八騶五鼎，視之如遺。中則有樂，外又何知。公生三子，壎唱篪和。我侯其季，厥美良多。既孝斯廉，不愧其科。循聲遠颺，四野謳歌。耿耿寤寐，思其所宜。惻惻恫瘝，思其所持。隆賢敬士，中懷若饑。不佞如余，下問周諮。何興何革，意篤情慈。放衙如水，宛然布衣。念茲絲粒，閔彼膏脂。明發有懷，效公之爲。民德我侯，奚盡其私？惟仰祝天，願公期頤。天胡不聞？公胡不居？我侯今去，昔來已遲。哀豈其家？萬井漣洏。我侯苦塊，泣血不收。盡哀可感，過毀堪憂。公其有靈，默佑於幽。匪慈公子，慰民所求。朝廷側席，侯政實優。侯盍復此，大邦是依。微公之故，固不能留。設位哭公，安報賢侯。仲春二日，凜若清秋。我侯不留，民病何瘳！嗚呼哀哉！奠公一卣。

祭教諭柴丈禹階文

太行之左，漳水之陽。厥土惟剛，厥士惟莊。惟我先生，令聞令望。式是河朔，表於大邦。内美其紛，復苾其芳。敦詩率禮，不炫而藏。稟氣獨完，於世無戕。怡怡淡泊，老而彌康。昔舉孝廉，爲士之坊。世有羣屐，我有珩璜。杜門不出，與古爲行。家有賢兄，兩鬢如霜。攜手共被，歡喜無量。晚乃一出，司鐸我國。我國荒僻，學失舊則。加以不幸，匪豐伊歉。風雨摽摇，弦歌將輟。先生涖止，德音孔截。桃李春滋，蕙蘭秋刈。我聞學舍，禮器無缺。彬彬宫墻，衣裳所閲。細雨花晨，清颸月夕。念我先生，褰裳是涉。聞我至止，韈不暇結。握手欣然，笑言迴别。流連日親，忘年之契。蒼蒼眉髮，涵彼古色。鑠鑠視瞻，毫末能察。退而竊喜，年方未艾。長留一老，典刑不絶。胡天不弔，忽焉以逝。惟兹之逝，曾無少疾。朝起舉觴，歡而不戚。日之方午，整衣而寂。僉曰異哉，先生之德。來云已遲，去無乃速。嗚呼哀哉！緪瑟已撤，士絶其弦〔一〕。羣悲莫讀，巷春無喧。青青子衿，誰仰誰瞻？撫兹倫堂，誰後誰先？嗚呼哀哉！

【校勘記】

〔一〕絶：底本作『□』。今據其義，疑是『絶』字，故補擬。

錢郎哀辭

錢郎有常者，字彰吉，柳圃先生之子也。既慧且孝，十六而夭，嗚呼哀哉！先生年已過於蘧公，情何殊於卜子。僕誼同休戚，實有深悲，寫辭素楮，聊當輓歌。其辭曰：

於維錢郎，實生名閌。緬彼其先，善充德積。父曰柳圃，邦國之哲。篤生之子，其容奕奕。甫能啼笑，蠲潔自惜。步正履端，禮數無缺。稍長就傅，把書不釋。承歡父母，敬朝敬夕。僉曰休哉，覯此不易。憶子之生，歲維己未。父母四十，得子斯慰。子又早慧，大異羣稚。爾父之友，卜爾偉器。爾父生平，姱修自勵。藝椒種蘭，駕龍馳驥。惟爾克承，大業有寄。瑶青春零，忽爾不諱。匪明伊幽，舍此安適？嗚呼哀哉！

爾父之痛，長此悠悠。童烏大去，金鹿不留。晝如長夜，春若凛秋。休文善病，洗馬工愁。況又不弔，遘此閔憂。嗚呼哀哉！

猶憶曩者，往來爾宅。碧竹横披，緑蘿交織。子每相見，喜形於色。趨告爾父，云有佳客。父固太清，子復不俗。時與柳圃，言之大噱。微雨春朝，明蟾秋夕。父執咸在，把盃促膝。談妙析微，準今酌昔。相視而笑，時雜歎息。子皆諦聽，輒能默識。韻語時成，不失軌則。屢見輒進，不損其益。父之所愛，子之所式。洵矣令姿，何求不得？爾父余師，呼余爲弟。交已兩葉，及子三世。何休何戚，能不隕涕。昨日東遊，□□□□。霧涴莓苔，風摇玉樹。緗帙堆牀，瑶瑟破柱。入室徘徊，思子所處。繐帳颯然，見余欲舉。美質早彫，厚望竟虚。重泉不寤，魂魄焉如？彭也何功，殤也何辜？安用贈子，辭與淚俱。嗚呼哀哉！

謝開府畢公啟

伏見乾隆五十三年，河南大計，以正陽縣教諭張，卓異列薦者。聞信悚惶，拜恩感愧。伏念風塵下士，蓬蒿中人。行難容厠於儒林，學敢佞詞於民社。慮樽五石，合放江湖；蓄艾三年，盍療疾病。到處逢楊朱之路，看人著祖逖之鞭。一第不溷乎次山，微官聊依於叔度。覩清淮之映月，方幸與汝南名士者游；聽老驥之嘶霜，豈期邀冀北空羣之目。輒荷俯垂青睞，列薦彤庭。緇衣敝而改爲，白髮循而竊歎。憐才若渴，譽乃出於不虞；報國惟賢，裦必求其堪稱。顧以虎賁有中郎之似，遂將燕石充上席之珍。副實良難，酬知奚據？雞鳴半夜，問起舞之何心；鷹颺深雲，感呼來而欲涕。南箕北斗，恐今日徒負虛名；后土皇天，在下風仰惟昭鑒。

謝劉學使啟

伏見云云。恩施踰格，譽出不虞。伏念某處士虛聲，寒蟬懦響。讀書愧無一得，享帚妄冀千金。容瓠誠難，斲輪自笑。三春遲日，頻聽出谷之鶯；萬里長風，誰認識途之馬？貧因竊祿，餐苜蓿而偏甘；患好爲師，撤皋比而不擁。已慣黄楊之閏，安期朱紱之來？輒荷執事曲采螢光，猥騰鶚薦。私憐愚弱，願人十而己千；試問孝廉，能聞一而知幾？蓋士通經則足用，所見略同；抑道不立而徒文，古云弗貴。乃見金根之未誤，遂爲木朽之可雕。雖狂不知裁，而瘮寍忘起？勉驅駑鈍，或少殊俗吏之所爲；庶答鴻慈，何以使私心之克副？

謝武太守啟

伏見云云，望非所期。感極而歎，伏念某學殊牧馬，才異割鷄。幸不擯於章縫，原無心於刀筆。署上庠者三月，政豈越乎平平；考本俸者六年，汪僅離乎下下。登車不落，或謬爲學者所推；束帶誠難，詎堪從大夫之後？輒荷執事剡章特達，采菲不遺，問下士之焉長，恐崇階之誤聽。羣空北冀，誰爲風電之奔；名竊南箕，顧曰簸揚而可。曩者洛陽才子，非吴守而奚升；後之樊上漫郎，賴蘇公而乃見。今寍其比，此自何來？蒙大德之如天，懼虚聲之莫雪。仰文翁於蜀郡，固不棄齒髮於馮唐；留趙德於潮州，猶長近斗山於韓愈。

桐岡存稿卷第七

詩一

西齋

晨起坐西齋，竹窓瀉朝暉。端居寡所營，自爾將迎稀。我懷在藐姑，久矣疏音徽。晴雲卷復舒，寒花霜不痱。庭樹有幽禽，與爾共忘機。

月夜書懷

萬籟俱闃寂，風竹聲琮琤。塊然念千載，懷哉傷美珵。星宿自燦燦，河漢自盈盈。方當春氣和，忽爾秋風清。梧桐日以摧，鳳凰不能鳴。美人何窈窕，夙昔崇令名。贈以玳瑁簪，欲報瓊玉纓。杳杳采雲端，望望空復情。

爲山先生座上命賦鷹

西風初勁秋鷹出，抉雲盪日星眸疾。鞲脱倏起勢直上，皂鵰白鶻皆惆悵。妖狐怪鳥無空曠，當其處眾不輕揚。積怒然後生全剛，爲君一擊毛血橫。高秋萬里日月清，喈喈試聽鳳凰鳴。

劍客行

黄皮縛絝金盤陀，雙丸騰躍擲銀梭。朝馳昆崙暮碣石，千里萬里無留跡。昨日聞有不平事，今日且試干將利。斬佞誰能請尚方，除奸那復關司隸。人間負心何其多，手抉肝腸看如何。翩如秋隼横空去，銀河耿耿疏星布。

雜詩四首

巍巍九折坂，堂堂千里驥。顯晦各有時，非時豈輕試？努力伍凡馬，遲爾戰場利。長鳴易見疑，顛蹶慎所自。蛟龍在池中，敢與魴鯉異？

春花色何鮮，秋花粉易墜。自嗟蒲柳姿，辱君賜歡愛。一朝别我去，芳草成蕭艾。行者多風塵，居者乃憔悴。君諒明高節，私懷抑何賴！

翩翩名家子，文采珊瑚枝。長劍出芙蓉，雜珮垂火齊。抗情慕衛霍，裂土封偏裨。丈夫有令圖，百年露易晞。南箕北有斗，虚名安可依。

憂來不可輟，攬珮望中宵。薄露在衣裳，星漢相迢遥。獨鶴唳何哀，驚風鳴刁刁。感此匪朝夕，一丸那可消。□□□□□，□□□□□。

漢苑

漢苑鶯花麗，長安甲第新。少年誇狗馬，高閣畫麒麟。肺腑田丞相，詼諧郭舍人。金門多俊傑，諫獵竟無因。

古歌

風吹繆繆不可開，憂來傷人誰使之來？天何爲有春、有夏、有秋、有冬？忽忽其窮，火知熱，水知深。中心氣結，不知傷心。與其爲神仙，不若爲金石。神仙應有憂，金石不可及。

春暮憶恆山汝南

闌珊春事忽如秋，飛絮落花動别愁。多口難爲名士理，飢驅翻作少年遊。鶯啼暮雨楊朱路，人泛春溪郭泰舟。自古汝南高月旦，即今何以著清流？

行路難八首

清宵歌舞在中堂，彩衣絳燭相輝煌。白晝苦短夜苦長，何必長懷憂？爲歡及未央。君不見腰懸寶劍千金飾，長揖出門無難色。當時游俠稱人豪，黑貂敝矣歸不得，駒隙悠悠真可惜，羊腸鳥道悲逼仄。

君不見王孫公子好結客，坐中三千皆珠舄。稷下鄒生盡授餐，洛陽季子競投策。鐘鳴漏盡頃刻間，紛然各散如雲煙。惟有春來雙燕子，依舊銜泥尋故壘。

君不見祖龍崛起西鄙中，六王如葉秦如風。功成南面稱皇帝，考鐘伐鼓咸陽宫。咸陽宫裏倦歡宴，海上三山動歆羨。術士爭言藥可求，大家鋭意仙能見。一朝萬乘遊蓬萊，鼓吹呵殿如轟雷。御馬忽奔侍衛驚，博浪之椎從天來。

出門騁遠望，振衣登高臺。故人今在青雲中，出入承明何巍巍！少小同學復同里，一旦尊崇追許史。許史爲侣金張鄰，貧賤之交安足齒？君不見石棧之山瞿塘水，行路之難難如此。

壯士寶帶佩吴鉤，西斬樓蘭封通侯。朝率健兒窺牧馬，夜接詞人賦壯猷。新第初開鬢已皤，舊壇久廢阯猶存。戰髀自拊憐金甲，遠夢生還入玉門。君不見趙充國，老去屯田猶獻策；君不見班定遠，西域功成身未返。壯士豈無故國情？蕭條夜半起邊聲。悲歌未闋涕交横，仰視列宿正宵征。

佳人彈箜篌，音響一何悲！悲音遏層雲，征人那得知？自我與君南浦别，寂寞韶芳日消歇。花枝柳絮怨春風，錦衾角枕羞明月。初聞登岱過鄒魯，又傳度嶺登岣嶁。繡陌惟知游冶豪，春閨無奈別離苦。欲往從君莫奮飛，商飈颯颯吹黑雨。

險不必白雲山，深不必黄牛灘。眼前咫尺起波瀾，欲濟無梁足心酸。臧倉沮子輿，桑落戹宣尼。聖賢之遇尚傾危，百年彈指早行樂。憔悴風塵空爾爲，杯中有酒不能醉，坐令清霜彫鬢絲。空山屏跡同匏係，白雲深處雙扉閉。怪底階前野鶴驚，適有羣公致書幣。生平疏慵無干進，感君雅意辱垂問。（以下闕）

戲爲子夜四時歌

不看桃李花，偏聞子規鳴。縱令春水漲，扁舟那難行？

歡遺白團扇，動有清風發。但使儂衣開，不救儂心熱。

明月秋更明，薄幃卷復舒。三春楊柳枝，昔昔隨風疏。

冬著狐白裘，裘温寒自在。儂如懷堅冰，歡有東風解。

扶溝訪李空同先生宅

於今不見李空同，欲訪扶溝半畝宫。詩卷自傳海中外，草堂猶在瀼西東。十年放逐狂如舊，萬里江河謗易叢。獨立蒼茫酧杯酒，斜陽晻曖起悲風。

題筠溪丈小像二首

獨有林泉興未捐，照人秋色正堪憐。一溪流水千竿竹，閲盡滄桑六十年。

烏衣巷裏尋常到，康伯門庭得似難。眼底少年曾識否？是爲尹姞舊衣冠。

巫山高

巫山高，列岫與天齊。黛色美縹緲，能使楚王迷。巫山十二列宮殿，巫峽水勢如飛箭。澤畔騷魂痛哭深，夢中神女歡娱晏。巫山高，高欲摧。玉魚金盌埋荒草，猶見朝雲出岫來。

題唐高宗御書李勣碑二首

佳兒佳婦語誰聞？身後銘詞報大勳。同是馬嵕山下路，更無人表鄭公墳。

只緣不預君家事，宸翰煌煌得未曾。一自笏還彤陛上，褚□□□□□。

楊柳詞

楊柳二月垂金線，輕風麗日靈和殿。緑雲旖旎總堪憐，明眸皓齒深深見。上苑煙濃淑氣清，暝暝薄霧喚流鶯。王孫玉勒青絲鞚，執葉攀條不勝情。滔滔誰挽東流水？那得君情長如此。雨雨風風愁殺人，敗絮沾泥招不起。

爲恆山題畫蘭

江南蘭蕙寫生綃，石畔橫披浥露梢。芳草只今啼鴂早，莫教容易化爲茅。

古詩三章示合三乾卿茂許

生物息相吹，天地豈跼蹐？大造日循環，明德運所屬。今人續古人，後人復相續。萬載與千秋，靜觀止一蹴。身世浩茫茫，時哉可勿勖？

東鄰有佳人，芳年自矜護。落花綗簾櫳，玉顔隔紅霧。以兹遺世姿，未許俗人顧。豈不慕蹇脩？又恐娥眉妒。積雪滿階除，歲寒方成悟。

載陟崑崙巔，上有玉井蓮。其花照四野，其葉蔭千川。王母昔渡海，采瓣以爲船。託根一何高，不爭凡卉妍。所以成其大，葆兹喬松年。

失題

驅雲鞭風來天上，金支翠旗光萬狀。日月星辰皆無恙，五岳四瀆自相向。雲爲我車風我馬，周流乎天余乃下。陛下爲大聖兮臣爲大賢，盛德豐功兮千萬年。

正月晦夜飲故人家客有鼓琴者

當席銀釭燦，隔鄰玉漏停。風聲留暗竹，雁陣亂春星。濁酒因愁減，冰弦入靜聽。夜寒人未散，薄露下空庭。

春夜聞笛憶恆山

纖月生林際，春寒向晚留。笛聲何處發，一夕動離憂。入破吟偏苦，隨風怨未休。白雲與綠水，清切憶前游。

寄懷心水二首

張子吾同姓，別來信有無？愁心隨去雁，迢遰過飛狐。長鋏彈誰慣？《高山》調易孤。莫將和氏璧，偶一試汙塗。

春色來天地，鶯飛草正蕪。美人方渺渺，何以布區區！文字非長物，山林亦壯圖。由來丈夫事，

談笑説崎嶇。

晚眺

高原寄遐矚，碧雲何迢迢。不見春風來，忽然榮繁條。漁槎夕自横，水淺沙痕交。鳴禽翼相接，

暝色在桔槔。桃花明谷口，樹杪帶歸樵。因思西山岑，鸞鶴飛飄飖。蘿薜久相待，春山含寂寥。

幽人在何方，杖策擬相招。

寄言五首

束髮懷高潔，窮愁亦自安。聊存吾道拙，才悟保身難。要路憑高足，私心締古歡。寄言二三子，

故步慎邯鄲。

陳國楊德祖，河東張季鷹。皆存千載志，慣受萬夫陵。古調無人和，奇窮有鬼憑。故人吾尚在，

慚愧説良朋。謂卓然、芝庭。

信士周弘武，才高命更奇。兩喪猶未葬，一劍欲何之？青鬢愁將换，黄楊閏未移。聽人談管、鮑，

爲爾發深悲。謂恆山。

馮氏三昆弟，從吾義最親。浮雲悲聚散，春柳想精神。黽勉耽經術，丁寍愛此身。由來稱世族，不易繼前人。

蕙草生空谷，佳人寄遠岑。因多行露畏，遂有避人心。蛛網青萍劍，塵封緑綺琴。蹇修如可託，雪涕待知音。

春日偶然作二首

東風隨序至，萬彙亦欣然。阮籍林中酒，顔淵郭内田。花明行櫓外，春霽斷雲邊。興至成孤往，漁歌響浦煙。

頗有林泉興，塵緣惜未休。山梁雌雉集，江海大樽浮。疏放真成慣，漁樵可自謀。不須問詹尹，吾意在滄洲。

春晴獨坐有懷

積雪牆陰暗，歸雲天際浮。春寒留雁羽，晴色綰簾鉤。坐念佳人隔，能令靜者愁。所懷期不至，杜若已芳洲。

春莫陳州道上

樹樹鶯聲唤客過，落花飛絮傍人多。年年三月陳州道，芳草無情可奈何？

陳州南門外有塚巍然士人呼思王塚夫子建自葬於東阿耳

回頭銅雀失崢嶸，玉匣珠襦已盡耕。惟有豆萁魂魄在，至今遺骨使人爭。

詠感詩十二首

振衣登崇岡，浮雲蔽天地。高望不見人，曠與千秋會。既思來者情，更感逝矣志。水東日以西，萬物各相媚。慨然念黄農，獨立發長喟。

亭亭百尺松，生此太山阿。與世本無爭，胡乃資斧柯。香麝伏豐草，黄鵠愁張羅。危言階之厲，讒口何其多。

志士不同途，要之在潔身。豪右自赫赫，安知非埃塵？紛紛屠沽兒，奔走無昏晨。夷齊西山下，魯連東海濱。周豈不好賢，秦豈不賞勳？至死不爲屈，嗟嗟彼何人。

小鳥托高林，燦燦好羽毛。羽毛養未成，翩然搏扶摇。扶摇固有時，墮地忽一朝。榛棘不可棲，雨雪況瀌瀌。好音無與懷，鎩翮蓋自招。一枝詎爲危，始悔離其巢。

美女朝入宫，衆女旋爲仇。碔砆羅幾席，良璞不見收。早悟知者難，胡不餘地留？蔓葛自牽緑，同類乃能儔。騎龍翔雲間，狐兔安敢謀？

大鏞久不扣，頹然卧蔓荆。螭鈕黯欲銷，猶存后夔名。元音日以渺，桑濮競繁聲。置君東序間，試聽鳳凰鳴。

玉樹輝明月，佳人來何遲。躑躅不能待，又念夙相期。情襟餘緩帶，愁醪留深卮。白璧非暗投，青蠅或間之。間之亦何爲？疇昔奉恩私。搏水以激石，石非水可移。

爲龍上無雲，爲虎下無林。四顧莽蕭條，日暮愁人心。憂多苦日少，古昔忽已今。强者自爲浮，弱者自爲沈。浮沈豈異理？强弱固商、參。

抱影成獨吟，白日忽已暮。歸鳥羽翹翹，三匝繞庭樹。自别同心人，十載難良晤。豈無新相知？懷此平生故。相去日以遥，芳辰誰與度？處子冰雪姿，望望有餘慕。君子執高節，厭浥夜多露。

流水清且漣，高山鬱岧嶤。中有嬋娟子，獨寐抱寂寥。安知夔與龍？非此漁與樵。偶然靖世氛，功成則金貂。時晦心自貞，道合乃可交。鳳凰出丹山，儀此聖明朝。

驅車上咸京，大道鳴波瀾。冠蓋蔭四衢，車馬何喧闐。賈生偶一哭，去如矢離弦。孫宏市井徒，翕然稱其賢。珊瑚沈大海，汩没難爲妍。秋蓬轉曠野，隨風飛上天。

溘風余上征，帝鄉聊可尋。天衣影飄飖，佩聲隨風沈。舞《韶》奏《九歌》，天上無凡音。先驅命豐隆，咸池時一臨。下瞷人閒世，日月何騷騷。徘徊忽一笑，擲策成鄧林。

怨詩行

燦燦朝開花，雙雙夜飛鵲。枝枝自相照，聲聲自相索。佳人賜歡愛，歡愛殊不薄。我思贈佳人，琅玕光灼爍。火齊綴翠羽，珊瑚縈跳脱。申之青玉案，重以金鑿落。佳人居何方，浮雲蔽高閣。區區一寸心，明明千金諾。崇岡騁長望，玉音何寂寞！上者爲星辰，下者爲丘壑。兩美慕信修，奚爲然疑作？我有鸚鵡杯，願君同斟酌。我有鷫鸘裘，腰帶稱君作。佳人來不來，踟躕向寥廓。

早春過王子吉先生草堂

策杖尋高隱，深林蘿薜垂。雙扉餘鶴守，一榻尚龜支。幽築花盈檻，春郊雨半犁。渾忘愁苦法，許否學希夷？

戲論明詩七首

瓊芝瑶草自芬芳，天際真人駕采凰。千載中原高子業，一生心折太倉王。

昌穀吹簫弄采霞，青蓮死後那能加？虞山蒙叟童心重，偏愛揚州處處花。

《擊壤》一編法派開，俚詞讕語日轟雷。雲軿鸞輅西原作，也講先天太極來。

歷下天才自絶倫，傳來近體信能神。妃豨縱是無真意，那許松圓作替身？

河朔狂生盧次楩，蟣蠓寄託足傷神。哀湘弔賈尋常例，卻憶當筵謝茂秦。

二《南》三《頌》教全微，鼠穴乘車豈悟非？板蕩中原誰顧惜？可憐辛苦讀《詩歸》。

龍天帝釋道難求，幻術摩登攝未休。絶代雲間陳卧子，元音獨振黍離秋。

村宿曉起

曉起微凉好，閒多遂靜心。朝雲餘片雨，爽籟發高林。嘯傲容疏放，邱園見古今。更思攜斗酒，柳下聽鳴禽。

悲歌

烏胡居淵，魚胡上樹？羣羊侮虎雁友兔，霰雪盈天兮，迷陽塞路。嗟嗟食荼不得吐，爾不食荼兮安知苦？

桐岡存稿卷第八　詩二

對酒

對酒歌人生，不樂須何時？今日樂相樂，遑恤明日寒與饑？有龍矯矯，天門冥冥不能到，大澤水寒風浩浩。貴老不如賤少，富出不如貧居。日月相逐，歲豈我與？鳳鳥至，河出圖。今不樂，何其愚！

病中見一菊晚開

秋卉難爲茂，一叢映竹斜。自從重九雨，才放兩三花。獨寤情偏劇，多閑病亦嘉。勖哉行自念，霜雪正無涯。

子夜歌二首

蓮上有蜘蛛，繞薏絲千縷。但願蛛絲長，敢辭薏蓮苦。
造車造輪轄，輪與轄相約。車輪班班轉，終向車轄託。

朔風詩

朔風自何來？吹彼十丈桐。託身孤且高，坐罹百憂攻。皇天無私覆，斯豈獨我躬？朱顔寍在好，所謀要能工。達人契微理，何者爲窮通？與其山上蒿，寍爲池中龍。時哉安可希？嗟嗟麗德公。

秋夜

遠寺鐘初歇，虚堂露已溥。西風吹鬢末，明月是愁端。吟蟀兼秋永，棲烏動夜寒。清輝下疏竹，玉立影珊珊。

河上

流水清堪挹，夕陽照渡河。雲盤鵰勢遠，岸轉櫓聲多。林壑通溟滓，滄浪足浩歌。可能除束縛，早晚伴漁蓑。

久不得心水消息作詩寄之凡四首

北望飛狐險，南來候雁多。故人應有憶，錦字竟蹉跎。别久言猶昨，懷深信易訛。艱難君所慣，歲晚更如何？

今歲秋何早，朔風當更寒。貂裘須補綴，蘭珮莫摧殘。愁積强宜笑，飢驅去正難。頗聞免交謫，寂寞自能安。

九月邊風急，雲中獵騎遊。控弦三十萬，上將坐防秋。大宛爭徠馬，月支懼飲頭。丈夫在邊塞，何不竟封侯？

仲蔚真潦倒，雄心未許豪。嗚無伯樂顧，曲讓《巴人》高。有命何勞卜，男兒善所遭。朅來珍重意，萬里寄同袍。

秋晚登玄武閣

摇落三秋迴，風煙萬井陰。夕陽將雁下，落木與鐘沈。傑閣涼風逼，長年畏路深。可堪飛動意，目極此登臨。

九日懷家兄漁莊

西風吹雨落秋槐，朔氣陰森晝不開。身世百年同下淚，弟兄兩地獨登臺。日斜驛路孤蓬轉，天入滄洲旅雁回。珍重茱萸盈把處，莫教愁病兩相摧。

攬佩詩五章

攬佩忽不懌，言陟嵩高山。極目凌八荒，五岳眉睫間。浮雲自東來，西風吹之還。不見黃河流，渡者何其艱！

二曜無停晷，天地何寥闊。萬事勞人心，修名坐超忽。處子正綽約，嫣婉及結髮。達則有鼎鐘，窮則有薇蕨。窮達詎可期，微尚誰能没？

驅馬出郊闕，雨雪浩無垠。四野絶人聲，憂來摧心神。時聞猛虎嘯，赤狐立如人。蒼兕磨其牙，蝮蛇況荊榛。爲勞當自親，爲樂當及晨。畏途日以多，懷矣百年身。

大化不能齊，真宰運神斤。如何違世士，尚與世相羣。棲神隱豹霧，矯翰騰龍雲。雞飛共豕突，哀哉何紛紛！

秋氣蕭以瑟，秋月淒以清。佳人當空閨，懷此萬里情。帶羅看自減，尊酒徒常盈。女蘿本微質，附託在能誠。飛鴻願接翼，鳴蟬願和聲。君子諒自愛，妾志何必明？

敝車

敝車吾家物，馳驅忍棄捐。周行能罔失，來轉久仍堅。不識長安路，傳來順治年。雞棲原自稱，助我歷迍邅。

盲馬

本是驪黄侶，盲來骨總奇。風霜思舊路，蹀躞尚驕嘶。報主心仍壯，成功事可知。因思在邊塞，裹甲看降師。

九月二十三日得合三兄弟五月雷州書二首

遠信經時達，離憂萬里同。故人隔荒服，一雁託秋風。情在寒暄外，書傳瘴癘中。遥知臨發處，惆悵應無窮。

我輩同萍梗，人誰共苦辛？道如雲去遠，夢比雁來頻。海國窮秋思，殊方善病身。逢人問消息，書到反沾巾。

初冬寄申亭

秋令浸尋改，鴻聲次第過。寒天催蟄急，獨樹受風多。南國空蘭佩，北山尚薜蘿。浮名那可問？昨夜夢漁蓑。

早春喜卓然見過

有客能相訪，入門一笑看。輒呼兒女拜，卻憶别離難。春韭已堪翦，布衾殊不寒。梅花方正發，莫即理歸鞍。

汳中寄内

爲念去吾廬，秋風節又殊。勖哉憶相屬，何者是良圖。歸夢愁能幻，離殤樂易辜。高堂念游子，賴爾好爲娱。

秋夜望月

山河摇影敞雲端，百尺高樓秋氣寒。寂寂孤城人吹笛，迢迢遥夜此憑欄。芙蓉江上霜初落，烏鵲風前樹未安。莫怪漏深猶徙倚，年來多在客中看。

題畫石

突兀崚嶒信手塗，由來特立未嫌孤。興雲致雨何人信，直得阿顛一拜無？

飄泊

風塵飄泊見吾徒，藥駐朱顔信有無？季布車中原自□，陳平船上有人圖。星迴紫塞欃槍落，浪湧黄河砥柱孤。幾欲彎弓五陵去，杜鵑聲裏更踟蹰。

上東皋夫子〔一〕

天際瓊瑶在，迢迢粱甫艱。春風吹碧草，白日换朱顔。身賤容懷璧，時清敢愛山。何年陪杖履，游、夏許相班。

【校勘記】

〔一〕夫：底本作『天』，形误，故改。

渡漳

今夜高堂夢，知經第幾程？黄河挂席穩，漳水浮橋平。千里飯强進，三更魂易驚。無邊春草色，道路若爲情。

早發邯鄲

薊門北望路漫漫，才渡濁漳意已闌。最是疏星共殘月，照人扶疾過邯鄲。

將次京師遇雪口占二首

雪花滾滾襍風聲，千里陰崖暗未平。名士如蠅不相識，一時都唱《苦寒行》。

軒轅臺上黄雲濕，荆軻祠前白草乾。歷盡長途成獨笑，問君何事到長安？

夢家兄

旅夢羈懷亂似絲，相違曾訂莫春期。知君憶弟清宵永，記得黄河解纜時。

涿州拜張桓侯廟

人説桓侯里，聲稱直到今。我來拜祠廟，遺像氣蕭森。生死吞吴恨，英雄愛士心。樓桑更鄰近，古木夕陽沈。

常山醉登大佛閣

朱甍碧瓦俯崚嶒，危檻連雲醉自憑。空曠遥浮三晉樹，高寒疑蹋五臺冰。董龍爾是何雞狗，古佛吾聞飼虎鷹。狂嘯滹沱驚浪起，促人車馬去軩軩。

憶恆山京師（時恆山應中書之試）

昨日周弘武，送余彰義門。余言有老母，亟去慰晨昏。以爾聲名久，應沾雨露恩。今猶歸未得，風雨感離魂。

阿虎殤姪女阿暑繼之時余方在京二首

病疾情方切，踦驅路正迂。出門才百日，入室失雙雛。一訣猶無分，重泉倘可呼。静參夭壽理，如爾果何辜？

早慧憐渠小，多愁似我難。善承祖母意，博得掌中看。跡被浮名誤，生同秋草殘〔一〕。可堪垂絶日，偏解憶長安。

【校勘記】

〔一〕秋：底本作『□』。今據其義，當是『秋』字，故補擬。

陰陽有迭代十首

陰陽有迭代，日月相盪摩。人生非金石，淹忽不遑他。迷陽蔓莫辨，古道浸以訛。寸心憂欲死，他人醉且歌。東上太山巔，下臨滄海波。壽當與之齊，千歲豈云多？

丈夫有遠志，矯矯不可干。鐘鼎固云樂，裋褐聊自完。昔者段干木，君至乃逾垣。當其獨處時，豈不憂時艱？水深更火熱，奈何媮以閑？泣盡璞不剖，身窮節則全。道旁有腐鼠，過者垂其涎。志士在溝壑，孔子奚取焉？

虞帝放四凶，周文誅崇侯。聖人豈好殺？不爾澤不周。彗出列星昏，虹長曜景收。唯仁能惡人，奈何持其柔？去之不必喜，留之爲大憂。

在木爲鴟梟，在沙爲狐蜮。在禾爲螟蟊，在人爲讒慝。言必飾爲誠，巧以合其跡。既可幻風雲，不難誓天日。愚者不之欺，智者反相德。我欲竟此辭，我言不敢長。君今且安坐，明日起高翔。

秦皇吞六國，斬艾如風揠。海水縈血□，平地走貙貗。一坏骨未冷，山東竿已揭。可知真人出，神武在不殺。匹夫命千鈞，九州猶毫末。哀哉阿房宮，一朝失突兀。
我有同袍友，其人美如玉。金石不足堅，千年如一夕。惻惻道生平，憂來不可掬。人語每吞聲，
恐爲人耳目。荼苦我自甘，絲亂君當析。何地曠無人，相持一痛哭。
世塗苦不夷，良璧易以殘。起機不在大，明者審其端。物情忌獨異，和同誠所難。隙中渡飛塵，
積之成邱山。
松柏貞本性，衆木不能儔。斧斤浸以施，葛蔓相句繆。尼父窮而老，季孟曰休休。賈生痛且死，
絳灌自伊周。慶雲欝以興，神龍乃相求。其勢有固然，於邑將何尤。
三皇尚渾樸，六經開屯蒙。既定挾書律，微言失所宗。異説何紛拏，顛倒無初終。俗儒多小智，
蛩語聲夢夢。大義在天地，所貴要於通。性情豈獨薄？堯舜與人同。海水飛驚湍，燎原望回風。
聖人皆已殁，精魄幸一逢。悲哉精衛勞，憂心正忡忡。
秋風肅萬彙，天宇空以明。懷憂終年歲，卒卒將何營。朝露易以晞，蕙草忽彫零。彭殤同所歸，
安知醉與醒？丈夫不惜死，所恨功不成。烏鵲東南飛，河漢西北傾。念此坐銷歇，感歎何時平。

病中不寐聞雁憶家兄二首

清杵隨風遠，殘燈耿牖明。雁聲何太苦，病裏若爲情。一别秋將换，今宵夢屢驚。寒霜將倦羽，

惻惻向南征。

接翼長雲暗，和聲畏路深。臨風餘涕淚，入夜正哀吟。思亂晨難及，愁多病易侵。聯翩須努力，何處玉山岑？

病懷三首

伐檀寘河干，人生在所遭。百年蓋云罕，況復不自聊。後來難及見，既去日益遥。黄金不可成，著書徒寂寥。登高眺四海，安能守蓬蒿？春日麗以清，霜□忽寒朝。大人方補衮，小人亦索綯。凡人各有營，何獨賢者勞。悲風動地起，樹木鳴調調。登車畏荆棘，濟舟憂波濤。不見鳳與鸞，反思鶚與鵰。鶚鵰一以鳴，狐兔何能驕？

真人握乾符，無物不蒙澤。側聞黄河清，又見景星出。宰相諸侯王，諸吏二千石。莫不賢且明，布政優不迫。秀士貞其行，庶人樂其役。戰馬服犁耜，李官不斷獄。名堂開八闥，萬里朝重譯。大臣勤吐握，賢路日以闢。苑蓄獨角麟，田秀雙歧麥。治以慎而安，聖以謙獲益。皋陶賡《叢脞》，周公陳《無逸》。其樂不可支，遐福自天錫。

呂望釣渭水，志不在得魚。伊尹調鼎味，志不在庖廚。丈夫貴不羈，所貴與世殊。相待在千秋，功成乃斯須。使其持劒鬬，未必敵一夫。而當殷與周，乃能致唐虞。茂木有嘉實，良駟無奔車。

遇巷苟云艱，不字真遠圖。雖有鍘與登，終需璉與瑚。良媒已云寡，相士□以居。進者自言親，退者自言疏。齊王倘好竽，挾瑟胡踟躕。

懷卓然

向日飛騰意，邇來寂寞衷。顧厨真不忝，藜藿竟難充。道以愁中學，名因謗後崇。此身能健否？多病慎秋風。

長至日同柳圃申亭訪卓然

朝發固陵里，同乘下澤車。節逢長至日，客到子雲居。窮巷風霜外，浮生疾病餘。銜寒聊一笑，龍性近何如？

同家兄及卓然申亭止柳圃先生家十日臨别申亭有詩余亦同賦呈柳圃

同是悲秋客，爲君十日留。百年幾大笑，一醉儻無憂。歌舞聊荒晏，逋逃亦壯遊。相看明月下，愁病未能休。

恆山游鄭州却寄

置驛誰存故？入關憶棄繻。妻孥嗟歲晏，雨雪爲飢軀。緇館能留客，清時不賤儒。虎牢風勢惡，立馬幾踟躕。

寄家兄

把酒清如夢，鑿冰歲欲春。半生常作客，多病尚爲人。鹽米勞慈母，艱難共此身。驚心殊少壯，努力愛嘉辰。

歲莫懷卓然

風急難飛雁，河深可縱鱗。高才誰見汝？捷足我輸人。懷賓盜無罪，多憂爲有身。辛勤故人意，歲晏欲沾巾。

送二盛生赴陳因致卓然

君到淮陽國，應尋揚子雲。長吾不但齒，禪爾豈徒文？鄉曲譏評易，親知醉醒分。道余尚無恙，辛苦念同羣。

讀漢書三首

儒者談先王，時變貴能通。要在不失道，安得苟取容？叔孫遇漢祖，千載此一逢。野外爲綿蕞，遂稱禮樂宗。嗟嗟魯兩生，老死不相從。

鄭莊吾郡人，稚懷真好事。推轂天下才，不啻自口出。松柏蔭芷蘅，威施惜娉婷。大人苟愛士，善氣自相迎。周公不吐握，後世何傳稱？

鳥鳴求友聲，人生重朋寮。嫵婉一以展，榮瘁寍易操？欒布哭彭越，田叔明張敖。豈不愛腰領？夙昔懷久要。兔絲本易附，隨風何能牢？推刃匪異人，哀哉刎頸交。

登令武山絶頂

确犖通微徑，高崖勢欲騫。晴雲開二室，秋色滿中原。煙暝千林接，風迴萬壑奔。便思跨鸞鶴，變化看鵬鯤。

吾自

門寂羅從設，庭閑客到稀。催兒樹雞栅，看婦補牛衣。頗著人前嬾，渾忘世上機。蕭然吾自慣，不是惡輕肥。